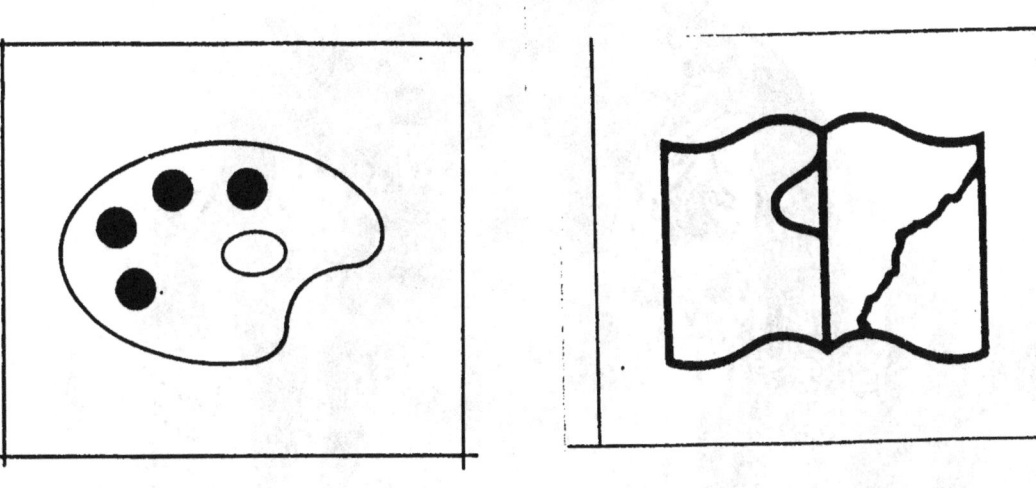

LÉON DUROCHER

REZINSEC ET STROPHAZUR

THÉATRE
LYRICO-NATURALISTE

PARIS
A. DUPRET, ÉDITEUR
3, RUE DE MÉDICIS, 3
1888

A LA MÊME LIBRAIRIE

Charles Bigot........	*De Paris au Niagara.* In-18...............	3 fr. 50
Arthur Heulhard....	*Bravos et Sifflets.* In-18..................	3 fr. 50
F. Lefranc..........	*Études sur le Théâtre contemporain.* In-18	3 fr. 50
J. Tellier.......... / Ch. Le Goffic..... \	*Les Écrivains d'aujourd'hui.* In-18.......	3 fr. 50
Léon Séché........	*Jules Simon.* In-18.......................	3 fr. 50
Henri Carton.......	*Histoire des Femmes écrivains de la France.* In-18.................................	3 fr. 50
Grégoire Danilewsky	*La Princesse Tarakanoff.* Trad. du russe In-18.................................	3 fr. 50
Léon Sichler........	*Histoire de la Littérature russe.* 2e édit. In-18.................................	3 fr. 50
Lang	*La Mythologie (Histoire et critique),* traduit de l'anglais. In-18.................	3 fr. 50
Eugène Fournier....	*Pensées d'un Fossoyeur.* Poésies. In-18....	3 fr. 50
Jacques Ballieu.....	*Une Maîtresse de Henri IV. Henriette de Balzac d'Entragues.* In-18.............	3 fr. 50
Dr Barbillon........	*Histoire de la Médecine.* In-18............	1 fr. 50
C. Barthélemy.......	*Histoire de la Comédie en France.* In-18...	2 fr. »
H. Carton...........	*Histoire de la Critique littéraire en France.* In-18.................................	2 fr. »
V. Leroy-St-Aubert.	*Histoire de la Peinture en France.* In-18..	2 fr. »
J. Monti	*Histoire de la Corse.* In-18...............	2 fr. »
P. Coquelle.........	*Histoire du Portugal et de la Maison de Bragance.*.............................	2 fr. »

Collection bleue. — Format petit in-24.

Albert Soubies.... / Ch. Malherbe..... \	*Précis de l'Histoire de l'Opéra-Comique.*	1 fr. »
	Richard Wagner et le Roi de Bavière. Lettres trad. par Jacques Saint-Cère. Un vol.....	1 fr. »
Ch. Graux.........	*L'Université de Salamanque.* Un vol.......	1 fr. »
Dion Chrysostôme...	*L'Eubéenne ou le Chasseur.* Traduction de Henri Fauvel. Un vol.................	1 fr. »
Eugène Rigal........	*Esquisse d'une Histoire des Théâtres de Paris de 1548 à 1635.* Un vol......	1 fr. »
F. Lefranc..........	*Une Maladie littéraire: Les Décadents.* Un vol.	1 fr. »
Alfred Copin........	*Les Maisons historiques de Paris.* Un vol..	1 fr. »
Jacques Ballieu.....	*Un Dîner littéraire au XVIIIe siècle. Le Dîner du Bout du banc.* Un vol.........	1 fr. »
Henry Olivier	*La Femme russe à travers les âges.* Un vol.	1 fr. »
Maurice Barrès.....	*Huit jours chez M. Renan.* Un vol........	1 fr. »
Hugues Le Roux....	*Alphonse Daudet*........................	1 fr. »
Tolstoï.............	*Le Joueur*	1 fr. »
Jules Tellier........	*L'Érudition romantique*.................	1 fr. »

ÉMILE COLIN. — IMPRIMERIE DE LAGNY

RÉZINSEC ET STROPHAZUR

THÉATRE
LYRICO-NATURALISTE

A LA MEME LIBRAIRIE

DU MÊME AUTEUR :

Clairons et Binious, poésies, un vol. in-18 avec dessins de S. Urrabieta Vierge et Coëssin de la Fosse.. . . . . 3 fr. 5o
Gaudeamus Igitur!... ou *Devant les Examinateurs*, un vol. in-18. . . . . o fr. 5o

En préparation :

Les Fours célèbres, pochades historiques et littéraires.
La Poésie qui dîne, croquis parisiens.
Le Candidat breton, roman politique.

ÉMILE COLIN — IMPRIMERIE DE LAGNY

LÉON DUROCHER

RÉZINSEC ET STROPHAZUR

THÉATRE
LYRICO-NATURALISTE

PARIS

A. DUPRET, EDITEUR

3, RUE DE MÉDICIS, 3

1888

LE LYRISME

ET

LA FANTAISIE COMIQUE

LE LYRISME
et
LA FANTAISIE COMIQUE

A mon ami Georges Bertal.

Mon cher ami, il y a plusieurs raisons pour que je vous dédie ce livre. D'abord vous êtes mon ami, ce qui devrait suffire. De plus vous êtes un de ceux à qui l'on peut encore proposer de causer littérature, sans risquer d'obtenir cette réponse: « Faisons-nous trente points de carambolage?... ou un cent cinquante lié de piquet?... » Enfin, je ne saurais oublier que j'ai été votre complice dans la perpétration de plusieurs pièces pour lesquelles le public aura la bonté de nous siffler ensemble le jour où les directeurs de théâtre seront assez aimables ou assez méchants pour nous produire ou nous traduire au feu de la rampe...

En attendant qu'on nous permette de livrer bataille, voulez-vous que nous jasions un peu ? Nous ne ferons du reste que continuer une de ces causeries naïves qui marquaient naguère les entr'actes de notre travail, et dans lesquelles nous épanchions librement nos sympathies littéraires, nos admirations artistiques. Une strophe de Hugo, un vers de Banville, nous procuraient des ravissements inavouables. Car, quoique appartenant à la légion des jeunes d'aujourd'hui, nous sommes entachés de lyrisme, mon pauvre vieux ! Et en outre, malgré la tournure sérieuse de votre caractère, je vous ai toujours trouvé de bonne composition lorsqu'il m'arrivait de jeter une idée fantaisiste sur le tapis.

.˙.

I

Le lyrisme et la fantaisie!... Parlons bas, de peur qu'on ne s'avise de nous démontrer très spirituellement que nous nous sommes échappés d'un musée archéologique, ou d'ailleurs... Le lyrisme et la fantaisie, qui ont à mon sens des affinités profondes, ont du moins aux yeux de beaucoup de gens ce rapport manifeste, c'est qu'ils méritent d'être confondus dans le même dédain. M. X... qui représente l'opinion, et qui aime mieux être de son temps que du siècle de Victor Hugo, veut qu'on le sache: le sublime a vécu. Au rancart les bonshommes épiques qui enfourchent le destrier poudreux et qui traversent, la lance au poing, les mêlées étincelantes!... Au grenier ou au Mont-de-Piété la lyre des poètes attardés qui persistent à contempler béatement la nue et à laisser courir leur âme sur les cimes éthérées dans l'envolement des strophes d'or!... Est-ce que l'on rencontre entre la Madeleine et la Bastille des bardes munis d'une harpe à triple corde et plongeant leur barbe antédiluvienne dans l'opale d'une

absinthe-gomme sur la terrasse d'un café du boulevard?...
Non, non! plus de harpe, ni de rote!... N-i, ni le lyrisme!... Eh! bien, et la fantaisie donc?... Condamnée, elle aussi, par les mêmes exigences de l'esprit moderne qui impose aux littérateurs le souci exclusif de l'exactitude, le culte brutal de la vérité. La fantaisie, quelle blague!... Est-ce que le monde est fantaisiste, est-ce que l'industrie est fantaisiste, est-ce que le commerce, est-ce que les administrations?... Tous les commerçants ont des balances et tous les fonctionnaires ont des faux-cols. La fantaisie ferait perdre aux premiers leur clientèle, aux seconds leurs places et leurs appointements. Quant à ceux qui n'ont rien à perdre, ils auraient à essuyer les brocards des personnes charitables qui ne leur pardonneraient pas de se distinguer ou de se différencier. Théophile Gautier ne se hasarderait plus à sortir un gilet rouge, à moins que ce gilet ne fût une réclame commerciale: autrement les gamins le suivraient dans la rue comme un masque de carnaval, les sergents de ville l'appréhenderaient comme porteur d'emblème séditieux; et si Théophile Gautier, affublé d'un gilet rouge, avait à la fois l'insolence de posséder de l'argent, et l'imprudence de posséder des parents, il s'exposerait très certainement à une aventure analogue à celle du baron Seyllière, un fantaisiste celui-là, qu'il importait de rappeler au bon sens, au respect de la réalité... D'ailleurs, on ne saurait trop se méfier de la fantaisie. Cette coquine se sert de l'imagination, qui travaille également au service du lyrisme. De la fantaisie au lyrisme il

n'y a qu'un saut: fantaisistes et lyriques sont des sauteurs... Il ne faut pas de saut! disent les naturalistes intransigeants qui craignent de lever les pieds quand ils marchent, et de manquer au principe philosophique de Leibnitz : *natura non facit saltus*... Ainsi pas de bonds : plus de lyrisme!... pas d'écarts : plus de fantaisie!... Ne quittons pas le terre-à-terre auquel nous enchaînent nos scrupules de littérateurs rivés à l'observation documentaire et à la constatation implacable des faits. Pas d'emportement! pas d'envolée! pas d'ébullition! « Faites tranquille! » répètent les apôtres du naturalisme. « Faites tranquille! » C'est clair. La fantaisie est essentiellement espiègle, lutine, turbulente, et les odes « tranquilles » ne sont jamais sorties que de la plume de Boileau canonnant les remparts de Namur ou de J.-B. Rousseau brossant les souliers du comte du Luc. Les romantiques, ces champions du lyrisme chevelu et de la fantaisie échevelée, n'étaient rien moins que « tranquilles ». C'est pourquoi il est temps de les laisser... en repos. La littérature d'aujourd'hui s'accorde sur ce point avec le bon sens bourgeois qui considère les fantaisistes comme des saltimbanques et les lyriques comme des fous. Les littérateurs sont toutefois plus indulgents. Pour eux, les tendances au lyrisme et à la fantaisie accusent autre chose que des symptômes morbides ou des habitudes de vagabondage chez les malheureux qu'ils regardent bénignement comme des radoteurs venus trop tard dans un monde qui s'est rajeuni... en vieillissant.

II

Si la fantaisie et le lyrisme étaient définitivement bannis du reste de la terre, ce n'est certes pas dans le sein du théâtre qu'il leur serait permis de se réfugier. Car il y a beau temps q... ...s rapières, les pourpoints, les cuirasses et autres défroques du même genre ont quitté la scène; il y a longtemps que la queue du romantisme elle-même s'est coupé les cheveux et le reste... Personne, plus que le nommé Théâtre, qui a pourtant la prétention de nous divertir, et de nous arracher à nos préoccupations permanentes, ne se préoccupe de nous rappeler la réalité, la réalité se développant selon des lois normales, la réalité conforme au train-train de la vie. Dès lors la fantaisie doit se tenir respectueusement à distance de pièces construites d'après les règles d'une logique ombrageuse sur le terrain de l'observation positive. Le lyrisme rôde vainement autour de personnages en habit noir qui boutonnent leur gilet et leurs sentiments et qui ont une peur atroce de paraître ridicules. Car le ridicule tue une pièce aussi bien qu'un homme, et le public doit faire prompte justice des pièces à panache. C'est ainsi qu'on appelle toute pièce dont l'auteur s'est laissé entraîner par son imagination au lieu de ne consulter que sa raison, toute pièce où tel ou tel personnage exprime en termes vibrants et colorés les passions qui l'agitent... Car il est bien entendu que désormais un homme, au moment de devenir un héros, n'a pas le droit de commettre un couplet de bravoure. D'ailleurs pourquoi créer des héros? Contentez-vous de transporter sur les planches des hommes ordinaires, aussi égoïstes que les financiers qui grouillent sur les marches de la Bourse, aussi ennuyeux que les notaires, aussi peu éloquents que nos députés. Faites en sorte que tous vos personnages aient l'air d'avoir étudié la législation et l'économie politique. Les mieux éduqués auront fait des études sur le turf. Et si quelqu'un ose insinuer que vos conceptions dramatiques n'ont pas le don d'amuser le parterre, répondez avec une désinvolture sémillante que vous n'avez pas pris à tâche d'être amusant. La foule qui éprouve le besoin d'être récréée, doit fréquenter le cirque ou les théâtres d'opérette. Du moment que les personnages d'une pièce n'ont ni à gambader ni à chanter, ils ne doivent se permettre ni pirouettes ni vocalises. Ils doivent se mouvoir et s'exprimer sans gestes et sans phrases... Sans phrases! entendez-vous?... Si bien que la parole célèbre de Siéyès: « La mort sans phrases! » devrait pour s'appliquer au théâtre subir ce travestissement... « La vie sans phrases!...» La vie sans phrases!... Heureux Louis XVI!...

Je supplie ceux qui veillent aux destinées du théâtre d'y prendre garde: si les auteurs dramatiques continuent à bâillonner leurs héros, sous prétexte qu'ils ne doivent pas laisser échapper un mot plus long que l'autre, ils finiront par peupler leurs pièces de bonshommes muets comme des poissons. Nous ne verrons plus à travers les verres de notre lorgnette que des personnages d'aquarium incapables d'agiter le milieu fluide où ils se meuvent. Ils n'auront plus même le droit de se mouvoir, car le mouvement est voisin de la vie, et un homme qui vit a des chances de ressembler, surtout au théâtre, à un homme que torture le besoin de parler. Sapristi! mais quelqu'un qui parle a tout l'air de faire des phrases... Des phrases! verbiage creux et vide dont il faut se débarrasser à tout prix... Qu'on remplace le récit de Théramène et l'apostrophe de Saint-Vallier par des monosyllabes, des interjections, des silences... Théramène ayant à narrer la mort d'Hippolyte se bornera à tirer son mouchoir de sa poche, à s'essuyer les yeux, à prendre une prise de tabac, et à laisser tomber trois ou quatre « hélas! » successifs dans ce qui lui sert de gilet. Ce discours très sommaire, ces soupirs laconiques, ces « hélas! » en deux syllabes en diront beaucoup plus que les vers majestueux de Racine. Thésée comprendra tout. Sous peine de passer pour une buse, il devinera aisément que les chevaux d'Hippolyte se sont emportés à la vue d'un monstre marin dont la gueule vomissait des torrents de flammes, que son fils a été traîné sur les rocs acérés du rivage, que... Car enfin, cet « hélas! »

serait éminemment suggestif... Quant à Saint-Vallier, eh! bien, Saint-Vallier ne dirait rien du tout. Il se contenterait, en se dirigeant vers sa prison, de se camper devant le roi, de toiser le monarque, de visser son chapeau sur sa tête altière, et de tourner sur ses talons avec un air de dire: « Je ne vous salue pas! » François Ier saisirait parfaitement l'apologue et murmurerait entre ses dents le mot de Montaigne : « *Voilà un taire parlier...* qui est plus musical que cinquante vers de Victor Hugo!... » Ah! le *taire parlier...* Si Montaigne en avait tiré une théorie dramatique, nos dramaturges ne se lasseraient pas de tresser des couronnes au modeste auteur des *Essais*. Le *taire parlier*, comme c'est bien la formule du théâtre de l'avenir, sinon d'aujourd'hui ! Car le théâtre accomplira encore des progrès, et pour peu que Victorien Sardou s'obstine à être Immortel, il substituera au dialogue haché, aux lambeaux de phrases criblés de points suspensifs, aux propositions et aux incidentes étouffées par des hoquets, une pantomime taciturne mais expressive. Une pantomime! Pourquoi pas? Il y a des gestes qui valent toute une tirade, et le célèbre Roscius se vantait de pouvoir traduire avec ses bras, ses jambes, son torse et sa tête tout un plaidoyer de Cicéron, y compris la péroraison. O Roscius, viens au secours de M. Sardou et de ses émules. Grâce à toi, les auteurs n'auront plus à se plaindre de l'organe défectueux de tel ou tel artiste. Vivent les acteurs aphones!.. pourvu qu'ils aient étudié l'art des mimes et que, dans certaines scènes un peu mouvementées, ils se révèlent gymnasiarques pathétiques et désarticulés... Un soir qu'on reprenait *Bajazet* au Théâtre-Français, j'ai vu jouer *Mazeppa* au Cirque Fernando. Ni Victor Hugo ni lord Byron n'étaient sur l'affiche. D'ailleurs *Mazeppa*, pantomime équestre, cela ne manquait pas de chien ou de chic. Il y avait là un écuyer!... il y avait surtout un cheval!.. Décidément le meilleur rôle de la pièce était tenu par un cheval : ah! si ce cheval-là consentait à accepter sa part dans la distribution des rôles d'une pièce de M. Sardou!

J'ai la prétention de n'être pas plus réactionnaire en littérature qu'en politique, et cependant j'ai toutes les peines du monde à me persuader que les discours d'un muet ou même des bredouillements inintelligibles me chatouillent plus délicieusement l'oreille qu'une voix large et franche, qu'un vers plein et sonore. Oh! parbleu, je soupçonne que le commun des mortels les moins communs n'a pas l'habitude de solliciter un bock ou une demi-tasse au moyen d'une phrase de douze pieds savamment coupée en deux hémistiches. Mais dussé-je mériter l'épithète de rétrograde, je persiste à douter que nous ayons besoin de payer huit francs un fauteuil d'orchestre pour entendre au théâtre les banalités que nous entendons sur l'impériale d'un omnibus pour quinze centimes, ou sur le trottoir sans bourse délier. Quand j'ai maugréé toute la journée contre le facteur qui est venu me réveiller pour me présenter une traite au saut du lit, contre mon tailleur qui me guette au bas de l'escalier, contre le restaurateur qui m'exhibe la note mensuelle entre la poire et le fromage, contre le cocher de fiacre qui refuse de me fournir une course excentrique, contre les voitures de la rue Montmartre qui ont juré de m'écraser, contre le limonadier à qui je réclame en vain de la véritable absinthe Pernod, contre la censure qui me force à mettre de l'eau dans ma pensée, contre les marchands d'habits qui crient sous ma fenêtre, contre les marchands de billets qui m'empêchent de parvenir jusqu'au drame de M. Sardou, contre les ouvreuses de théâtre qui se disputent ma canne et mon pardessus,... je voudrais bien, une fois installé dans mon fauteuil, me retremper un peu dans un monde différent de celui à travers lequel j'ai pataugé toute la journée. Je voudrais bien entendre une autre musique que celle de « A la fraîche! la sardine fraîche!... » ou de « Les choux-fleurs! les bons choux-fleurs! » Je ne vous implore pas, messieurs les auteurs, pour que vous me montriez des marionnettes sympathiques ou des pantins bariolés... Je déteste même les gâteaux littéraires à la crème et à la vanille... Mais ne pourriez-vous m'accorder quelques petites échappées vers le bleu? Ne pourriez-vous, — sans me ravir au septième ciel où je manquerais d'air et où je serais tenté de me demander si mes pieds ont été faits pour être mis dans ma poche, — ne pourriez-vous me transporter dans un monde assez analogue au nôtre mais où les caprices de la fantaisie prissent plaisir à bousculer les lois inflexibles de la réalité? Pourquoi me refuseriez-vous ce léger dédommagement à toutes les misères de la lutte quotidienne, à toutes les vilenies qui m'assaillent dans la rue, à tous les horions que je reçois dans la bataille de la vie?... Tenez, permettez-moi de vous communiquer une réflexion artistique que je me suis souvent faite dans des circonstances où je n'aurais pas dû songer à l'art. Il m'est arrivé fréquemment d'être engagé dans telle situation qui me contraignait à baisser la tête devant ce qu'on est convenu d'appeler un supérieur, à courber l'échine devant quelque vaste imbécile bouffi d'orgueil et jaloux de ses prérogatives. Comme je n'aime ni à baisser la tête ni à courber l'échine, je murmurais *in petto* : « Toi, mon gaillard, tu as une rude chance que nous ne soyions pas deux personnages de théâtre campés en face l'un de l'autre. Car je te réponds bien que je me chargerais de dégonfler ton orgueil et de souffleter ta bêtise en te lançant quelqu'une de ces répliques formidables qui me taquinent à cette heure, en te lâchant quelqu'une de ces pantalonades grandioses qui me démangent en ce moment... » Cette réflexion, éminemment artistique, me tourmentait à ce point que je me suis laissé entraîner plus d'une fois par le besoin impérieux d'être un personnage de théâtre et de piétiner les obligations vulgaires... Hélas! je sais ce qu'il m'en a coûté... Mais je m'en console en construisant dans ma pensée une scène où des héros pourraient dessiner impunément ces pieds-de-nez gigantesques pour lesquels je me suis si douloureusement mordu les doigts, une scène où je goûte la céleste volupté de mettre les coudes sur la table et les pieds dans le plat, sans crainte de payer les assiettes et les pots cassés... Que le théâtre devienne une revanche, la revanche de l'idéal contre la réalité, l'idéal

prenant d'ailleurs pour auxiliaire... la réalité elle-même...
Qu'il nous soit permis de nous retrouver derrière le feu de
la rampe avec les qualités primesautières que nous sommes
obligés de comprimer dans la rue ou dans les antichambres.
Rendez-nous à la lueur du gaz ou de l'électricité la verve,
la fougue, la franchise, la générosité, l'impertinence, la bravoure dont la réalité quotidienne nous conseille de nous
dépouiller. Soyons jeunes au théâtre, s'il nous faut être
vieux à la ville... Ah! vous ne voulez pas que le théâtre
soit un art de convention: que n'êtes-vous capables de
nous affranchir également des conventions de la vie!...

Je ne suis ni optimiste par principe ni pessimiste par
tempérament. Je ne suis ni de ceux qui voient tout en
laid ni de ceux qui s'acharnent à voir tout en beau. Je
reconnais que la vie a du bon, mais les côtés sombres de
l'existence ne m'échappent pas. Bien plus, je ne prescris
nullement à l'art de me les dissimuler. La vie, la vie tout
entière lui appartient, la vie avec ses oppositions de couleurs, ses contrastes lumineux. Qu'il retranche seulement
les tons neutres, les côtés gris, qui sont la négation
même de la vie. Oh! le gris... Qui nous délivrera du
gris, de la poussière et du coton? Je sais bien que mes
compatriotes de la lande Bretonne se plaisent à chanter
le ciel gris de l'antique Armor. Mais il s'agit de s'entendre au sujet de ce ciel gris sur lequel courent des
teintes roses et violacées. Cette brume délicate, qui a pour
mission d'emmitoufler les coteaux revêtus de bruyères
et d'ajoncs aux fleurs d'or, n'a rien de gris. Soyez

convaincus que si elle était uniformément grise, elle n'inspirerait aux poètes du cru aucun de ces poèmes si nerveusement colorés. Le gris, ce n'est pas seulement la négation de la couleur, c'est la négation de tout ce qui chante, de tout ce qui vibre, de tout ce qui résonne comme un bruit de fanfare, de tout ce qui pleure comme la plainte des vagues expirant sur le sable des grèves... Le gris, c'est la négation de la vie, qui ne s'affirme que par ses manifestations vigoureuses, et qui semble dormir quand elle s'enveloppe dans la banalité amorphe des événements et des choses. Le temps que nous passons à dormir ne compte pas dans la série de nos actes d'hommes. L'heure de la sieste n'est pas non plus celle de la journée où s'accuse le plus virilement notre personnalité... Si donc un auteur s'avise de me transporter sur la scène, et se propose de me divertir en m'invitant à contempler l'image de mon être, je le conjure de me présenter à moi-même sous les traits d'un être vivant. Je ne crois pas être bien intéressant quand je dors... Je n'en sais rien du reste, ne m'étant jamais regardé dans la glace les yeux fermés. Mais je ne suppose point... A moins que m'étant couché au pied d'un hêtre la chaste Diane ne me transfigure en me caressant de la blancheur de ses rayons immaculés, comme jadis... Je ne suis pas Endymion. Faites-moi donc la grâce de me représenter debout, agissant, vivant... Vous prétendez que pour être vivant le théâtre doit être naturel! Moi je prétends que pour être naturel le théâtre doit être vivant. Il en va de même du roman.

Le grand naturaliste Émile Zola (c'est du romancier que je parle) l'a bien compris, lui que ses anciens disciples accusent d'avoir trahi son programme en rendant la réalité grouillante, chatoyante... Du romantisme, quoi ? Mais non, c'est bien là du naturalisme, et du vrai, c'est-à-dire le naturalisme d'un écrivain qui s'applique à saisir la nature dans son plein épanouissement, dans sa candide effervescence et sa furieuse floraison.

C'est une lourde erreur de s'imaginer que la nature est grise, terne, incolore, etc... et que pour « faire nature » il faille faire incolore, terne, gris, etc... Et d'abord qu'entend-on par la nature ? Où choisissez-vous les types qui incarnent à vos yeux la nature ? Est-ce dans le va-et-vient solennel des salons où chacun rapetisse son caractère tout en se haussant sur ses talons ? dans le brassage mécanique des affaires où chacun dissimule ses impressions et refoule ses sentiments ?... Il y a longtemps que l'ancêtre Jean-Jacques Rousseau l'a remarqué, plus la société se raffine, plus ses membres tendent à ligoter leurs qualités naturelles. Si l'on veut étudier l'homme-nature, il convient de l'interwiever, non pas tout à fait dans les bois où l'on marche à quatre pattes ou à quatre mains, mais à ce degré de l'échelle sociale où l'homme se rapproche plus librement de la nature parce qu'il n'est pas obligé de s'en éloigner. L'homme du peuple, qui se moque de l'étiquette des salons et qui en prend à son aise avec les règles du goût plus ou moins sérieusement formulées par Aristote Horace, Despréaux et un certain nombre de Pères Jésuites, l'homme du peuple a des façons pittoresques de s'exprimer que je recommande aux partisans de la nature plate et monochrome. Plus il s'abandonne à la bonne nature, à son tempérament naturel, plus l'homme se montre dans son vocabulaire et dans ses tours de phrase enclin à la fantaisie, voire au lyrisme. Qu'est-ce en somme que l'argot sinon un vocabulaire en goguette, un idiome dont les mots titubent, gesticulent, font des cabrioles, comme sous l'influence d'un coup de vent, d'un coup de vin ou d'un coup de soleil?... Oui, l'homme du peuple est un fantaisiste et un lyrique. Je n'en veux pour preuve que ce simple mot cueilli au vol dans un bureau de tabac ou j'achetais très bourgeoisement vingt centimes de scaferlati ordinaire. Deux maçons, dont aucun n'était éméché, bavardaient avec la débitante en prenant un armagnac sur le zinc... « Hé! bien, disait la buraliste, nous avons eu beau temps hier. — Peuh! très tard seulement : le soleil ne s'est mis à *rigoler* que vers deux heures de l'après-midi. » Que vous semble de ce soleil qui ne s'est mis à « *rigoler*?... » Une vraie trouvaille, hein?... Pas du tout! L'auteur de cette métaphore lyrico-naturaliste parlait très simplement sans chercher du coin de l'œil la galerie et sans se douter que ce « rigoler » valait tout un poème... Avouez que le lyrisme n'est pas si en dehors de la nature!... Au fait, le plus grand lyrique c'est Cambronne, qui s'est immortalisé en crachant le mot le plus naturaliste de la langue française.

Pour moi, j'estime que le véritable moyen d'être naturel au théâtre c'est d'être lyrique. — Ah! bah!... Exigez tout de suite que la scène se laisse envahir par des personnages occupés à réciter des tirades byroniennes, à moduler des élégies de Lamartine, par des cousins de Child-Harold ou des bâtards de Jocelyn... — Mais non : veuillez seulement transporter à la scène la nature, vous entendez bien, la nature, sans l'outrager. Car je maintiens que le meilleur moyen de respecter la nature c'est de ne pas la photographier. La photographie en art est impossible, puisqu'ici le soleil refuse sa complicité... Ou du moins il faut que vous portiez en vous le soleil indispensable, afin que ses rayons sachent colorer votre rétine où les objets viennent se refléter. Si ce soleil vous manque, si ce soleil ne « rigole » pas un peu dans votre imagination, rien de ce que vous observez ne prendra de relief à vos yeux, tout s'estompera, tout se noiera dans un brouillard gris et maussade qui éteint les lignes, efface et mange les contours. Tout se brouille, tout se confond; votre esprit, qui ne sait plus discerner, accorde la même importance à un détail sans valeur qu'à un détail intéressant; la nature vous paraît pauvre, mesquine, ennuyeuse, et vous ne percevez aucun indice de cette vie qui grouille, qui bout, dont la sève déborde... Ah! la vie, la vie!... On a défini le beau la splendeur du vrai. J'aurais bien envie de hasarder cette définition : La vie, la splendeur de la nature. Oui la vie est la splendeur de la nature; et il en résulte que la vie transportée au théâtre n'est plus la vie, si le feu de la rampe ne contribue qu'à en atténuer la lumière, la chaleur. Accumulez au contraire cette lumière, cette chaleur, et cela par un procédé très simple, en attribuant à chaque personnage le maximun d'intensité de sa qualité dominante. Portez jusqu'au lyrisme la vertu ou le vice qui forme le fond de sa nature... Allons! je parodie pour les besoins de la cause un vers célèbre :

Tout homme a dans son cœur un *héros* qui sommeille...

Réveillez ce héros, et vous aurez l'homme vivant. Ce héros peut du reste n'être qu'un héros à rebours, le héros de l'égoïsme, le héros de la couardise, le héros de la vanité, de la cuistrerie, de la ladrerie, de l'hypocrisie... N'importe. C'est un héroïsme d'un certain genre que celui par lequel nous nous affichons carrément tels que nous sommes, dépouillés de toutes les grimaces de commande, de tout ce plâtrage factice dont nous ornementons notre physionomie habituelle... N'est-il pas vrai que nous travaillons à nous défigurer, à nous travestir, par calcul, ou par timorisme?... Si nous laissons brusquement saillir le héros que nous refoulons au fond de notre être, nous redevenons nous-mêmes, laids ou beaux, peu importe! mais pittoresques à coup sûr. Je le répète, nous portons tous dans notre cœur un héros, ou si vous préférez, un Gascon, un Espagnol, qui nous pousse parfois à sortir de nos retranchements, de notre embuscade, à nous dégarnir complètement, sans réserve, avec une forfanterie provoquante. Nous nous étalons avec un air de dire à nos semblables:

« Me voilà !... Si vous n'êtes pas contents, je m'en... lave les mains. Serviteur !... »

Dans ces conditions, l'art qui se propose de traduire pieusement la nature devra s'appliquer à extraire de l'homme le héros, même burlesque, — tout en se gardant de tomber de parti pris dans le genre héroï-comique ou dans le genre burlesque. C'est un jeu puéril et pédantesque à la fois que de rabaisser systématiquement les grands hommes ou de monter sur de grands chevaux des bourgeois taillés pour... servir dans l'infanterie. Mais il est curieux et utile pour l'observateur impartial de surprendre l'homme dans les actes où il semble se démentir à force d'être fidèle à son caractère, où il rentre dans sa nature à force de sortir de ses habitudes. Les trois quarts de nos travers résultent d'habitudes acquises contre lesquelles s'insurge parfois la pétulance de nos qualités natives. Les joyeux bavards ne viennent pas tous de la Cannebière, et je sais des taciturnes qui au talent de penser sans parler joignent, le cas échéant, celui de moudre plus de paroles que Numa Roumestan en personne. Je connais un journaliste très distingué que les moralistes classeraient indubitablement parmi les taciturnes. Et en effet cet homme au profil méditatif, qui pense derrière un lorgnon, avale mécaniquement son potage avec la physionomie d'un publiciste absorbé par les questions de politique extérieure. Il dîne en Bulgarie ou à Tabarka. Tout à coup il se mêle à la conversation des amis qui l'entourent, et, avant de retomber dans son mutisme philosophique, se livre à un feu roulant de plaisanteries, de gaudrioles, de bons mots, d'épigrammes... Ses confrères l'appellent « un sphinx bavard. » Rien de plus répandu du reste que le type du *sphinx bavard*! Tout homme né de la femme naît bavard : il devient sphinx. Grattez le sphinx, le bavard reparaît. La société en nous façonnant cherche presque toujours noise à la nature dont elle défait l'œuvre à plaisir. En revanche la nature reprend volontiers ses droits : celui de l'exubérance résume tous les autres. Aussi n'est-il pas rare que les gens les plus terre-à-terre s'emballent et s'exaltent dans l'exposition ou dans l'affirmation de leurs théories dites positivistes. Les plus grands lyriques ne sont pas toujours des déistes. Le matérialisme a ses poètes, ses apôtres, ses sonneurs de buccin ou d'oliphant. Ceux-là même qui nient la poésie soufflent parfois un feu extraordinaire, une rage délirante à leurs invectives contre ceux qui manquent de sang-froid et de sens rassis. Les natures rayonnantes ont des méthodes diverses de rayonnement. Les unes se drapent dans les plis sacrés d'un drapeau, les autres se déboutonnent avec un sans-gêne hyperbolique qui franchit les limites de la prose et de la banalité. Les unes se vautrent avec le même enthousiasme que les autres s'exercent à planer. On s'élance à corps perdu dans la fange comme on vole à tire-d'ailes en plein azur. Oiseaux et... reptiles obéissent également à leur nature, et plus ils sont naturels, plus ils sont lyriques et fantaisistes, le lyrisme consistant à obéir frénétiquement à sa nature, et la fantaisie à ne pas contraindre son tempérament.

III

Dès lors l'auteur dramatique n'aura lui-même qu'à obéir à sa nature... s'il en a une, qu'à ne pas contraindre son tempérament, s'il en a un... Ah ! dame, toutes les recettes demeurent misérables auprès de cette règle fondamentale : avoir une nature, posséder un tempérament. Celui qui est doué n'a qu'à exploiter ses dons ; celui qui se sent tourmenté par un lutin intérieur n'a qu'à subir la précieuse torture de ce démon providentiel. Il pourra profiter, d'une façon plus ou moins inconsciente, de certains procédés techniques comme les rimes pittoresques, les enjambements hardis, les coupes savantes et variées. Il pourra tirer un parti habile des contrastes, faire succéder au vol rapide des éblouissantes métaphores la marche lourde, le pesant terre-à-terre des détails prosaïques. Il s'apercevra peut-être qu'il doit amalgamer l'ange et la bête dont l'homme se compose au dire de Pascal, de manière à ne faire ni l'ange ni la bête,... qu'il doit éviter également de se perdre dans les nues, sous prétexte de gravir les sommets, et de tomber dans la banalité atone de Ponsard ou dans la platitude anémique de Coppée, en voulant descendre au niveau de la réalité. Il remarquera que si les astres sont parfois fatigants et la boue généralement désagréable à lorgner, rien n'est amusant comme de regarder les étoiles se mirer dans les flaques d'eau. Il notera... Mais toutes ses observations personnelles jointes aux recettes consignées dans les traités spéciaux ne suppléeront pas aux ressources d'un tempérament, d'une nature. La fécondation artificielle dont s'occupe l'officine des rhétoriques n'aboutira jamais à la plantation d'un homme, même sur la scène ; tous les ingrédients littéraires chauffés dans une cornue ne réussiront jamais à faire battre un cœur entre deux syllabes. La fumure, l'incubation intellectuelle ne produira jamais la verve, l'entrain, la jeunesse, le mouvement, la vie,... la vie qui doit circuler en larges ondées purpurines à travers l'œuvre d'art au même titre qu'à travers le corps humain. Faites des hommes !..

IV

L'œuvre de vie échappe à l'analyse. Libre à nous d'applaudir au triomphe des « faiseurs d'hommes, » de ceux que la pornographie appelle des mâles, et que la critique littéraire intitule des maîtres. Certes, les maîtres ou les mâles (j'aime autant les mâles) ne manquent pas dans l'histoire du théâtre, — je ne m'intéresse ici qu'à ce théâtre vivant, fantaisiste, lyrique, naturaliste dont je viens de crayonner la silhouette. Inutile de remonter à Aristophane, ce sublime caricaturiste incompris par je ne sais quel pédant qui nie l'existence de la caricature dans l'antiquité grecque !.. A quoi bon évoquer Plaute, ce Romain au rire prodigieux ?.. Laissons même de côté les étrangers, comme Shakespeare, qui a créé Falstaff, mais qui a le tort de parler anglais.... Négligeons la Comédie Italienne, qui a inventé et popularisé les types les plus prestigieux du théâtre bouffe. Tournons, si vous voulez, le dos aux Espagnols, que je n'hésite pas à envisager comme les naturels les plus espagnols de l'ancien monde et même du nouveau. Cantonnons-nous orgueilleusement dans les limites de notre domaine national, qui foisonne de productions où le réalisme, la fantaisie et le lyrisme forment un ménage extravagant au milieu duquel il serait difficile de désigner le plus heureux des trois. Que dites-vous des farces du moyen âge? de la *Farce de Pathelin* par exemple? Que dites-vous de cette scène où Pathelin, pour se dérober aux réclamations importunes du drapier, enfourche un balai, se coiffe d'une casserole, et caracole à travers sa chambre en simulant l'incohérence du délire?

> Assemblez les lanternes jaunes!
> Carimari! Carimara!
> Au chat! au chat! au rat! au rat!
> Avez-vous vu la bête noire?
> C'est le Turc qu'on montre à la foire.
> Il a des moustaches en or!
> Empêchez qu'il sonne du cor... (1)

Rappelez-vous maintenant les tabarinades... — De Tabarin? — Non, celles de Corneille, de l'auteur du *Menteur* et de l'*Illusion comique*. Quel gigantesque fumiste que ce Dorante qui brode séance tenante des histoires plus invraisemblables que les aventures racontées posément par Jules Verne ou Alexandre Dumas père!... D'où sort-il ce Dorante avec ses contes des Mille et une nuits qu'il improvise en une seconde, et dont il étale le somptueux orientalisme en un tour de main, juste le temps de se friser la

---

(1) Traduction Gassies des Brulies.

moustache? Son imagination d'artificier en bonne fortune n'a de rivale que celle de Matamore, autre personnage d'une abracadabrance cornélienne qui a soin de se portraicturer ainsi :

>Le seul bruit de mon nom renverse les murailles,
>Défait les escadrons et gagne les batailles.
>Mon courage invaincu contre les empereurs
>N'arme que la moitié de ses moindres fureurs.
>D'un seul commandement que je fais aux trois Parques
>Je dépeuple l'Etat des plus heureux monarques ;
>La foudre est mon canon, les Destins mes soldats ;
>Je couche, d'un revers, mille ennemis à bas.
>D'un souffle je réduis leurs projets en fumée.

Homme terrible! Ceci ne l'empêche pas d'être charmant. La liste de ses prouesses amoureuses est d'une vantardise mirobolante. N'a-t-il pas séduit reines, princesses, sultanes même ?

>J'en fus mal quelque temps avec le grand Seigneur...

C'est peu, son dernier exploit l'élève à la hauteur d'un Don Juan mythologique :

>Les déesses aussi se rangaient sous mes lois ;
>Et je te veux conter une étrange aventure
>Qui jeta du désordre en toute la Nature,
>Mais désordre aussi grand qu'on en voie arriver.
>Le soleil fut un jour sans se pouvoir lever,
>Et ce visible Dieu que tant de monde adore
>Pour marcher devant lui ne trouvait point d'aurore.

> On la cherchait partout, au lit du vieux Thiton,
> Dans les bois de Céphale, au palais de Memnon.
> Et faute de trouver cette belle fourrière,
> Le jour, jusqu'à midi, se passa sans lumière.

Et à l'interrogation de Clindor :

> Où pourrait être alors la Reine des clartés ?

Matamore répond avec un aplomb imperturbable :

> Au milieu de ma chambre à m'offrir ses beautés...
> Elle y perdit son temps, elle y perdit ses larmes.
> Mon cœur fut insensible à ses plus puissants charmes ;
> Et tout ce qu'elle obtint pour son frivole amour
> Fut un ordre précis d'aller rendre le jour...

Splendide ! splendide !... Ah ! ce vieux Corneille, quel homme, quel génie, quel... Espagnol ! Je ne dis point cela pour rabaisser Racine, à qui je pardonne volontiers *Esther* en faveur des *Plaideurs*, cette gaminerie tintamarresque dont les vers cabriolants bondissent parfois si follement sur le tremplin de la fantaisie, qu'ils vont rouler comme des clowns banvillesques dans les étoiles... Holà ! ho, prends ton élan, Petit-Jean :

> Messieurs, quand je regarde avec exactitude
> L'inconstance du monde et sa vicissitude,
> Lorsque je vois parmi tant d'hommes différents
> Pas une étoile fixe et tant d'astres errants,
> Quand je vois les César, quand je vois leur fortune,
> Quand je vois le soleil et quand je vois la lune...

Bien sauté! Petit-Jean... A ton tour, l'Intimé :

> Avant donc
> La naissance du monde et sa création,
> Le monde, l'Univers, tout, la nature entière
> Etait ensevelie au fond de la matière.
> Les éléments, le feu, l'air, et la terre et l'eau,
> Enfoncés, entassés, ne faisaient qu'un monceau,
> Une confusion, une masse sans forme,
> Un désordre, un chaos, une cohue énorme ;
> *Unus erat toto naturæ vultus in orbe,*
> *Quem Græci dixere Chaos, rudis indigestaque moles...*

Ce « pompier » de Racine était tout de même bien dégingandé. Pourquoi donc n'a-t-il écrit que les *Plaideurs* en dehors de ses tragédies? Il paraît qu'on n'était pas toujours gai à la cour de Louis XIV. Le Roi-Soleil devait pourtant convoler avec la veuve de cet épique cul-de-jatte qui a nom Scarron, et que j'admire profondément, non pour son *Virgile travesti*, dont la drôlerie systématique m'énerve un peu, mais pour son *Don Japhet d'Arménie*, qui est une perle, une perle enfouie dans du fumier, c'est possible, mais une perle rare à coup sûr. Il est impayable, ce Don Japhet, cet ancien fou de l'Empereur Charles-Quint!

> Peut-être ignorez-vous encore qui je suis ;
> Je veux vous l'expliquer autant que je le puis,
> Car la chose n'est pas fort aisée à comprendre,
> Du bon père Noé j'ai l'honnneur de descendre :
> Noé qui, sur les eaux, fit flotter sa maison,

> Quand tout le genre humain but plus que de raison...
> Vous voyez qu'il n'est rien de plus net que ma race,
> Et qu'un cristal auprès paraîtrait plein de crasse...
> C'est de son second fils que je suis dérivé :
> Son sang de père en fils, jusqu'à moi conservé
> Me rend en ce bas monde à moi seul comparable.
> L'Empereur Charles-Quint, ce héros redoutable,
> Mon cousin, au deux mille huitantième degré,
> Trouvant avec raison mon esprit à son gré,
> M'a promené longtemps par les villes d'Espagne,
> Et, depuis, m'a prié de quitter la campagne,
> Parce que deux soleils en un lieu trop étroit
> Rendaient trop excessif le contraire du froid...

Il faut l'entendre appeler ses laquais :

> Holà! don Zapata Pascal,
> Ou Pascal Zapata, car il n'importe guère
> Que Pascal soit devant ou Pascal soit derrière...

Il faut le suivre dans son odyssée bouffonne au cours de laquelle il devient sourd par persuasion, torero ridicule, amoureux transi qui se démène en chemise sur les balcons où il tourne des madrigaux et reçoit des potées d'urine... Très étourdissant aussi ce *Jodelet*, autre caricature de Scarron, qui a certainement vu en Jodelet l'ancêtre de Tragaldabas... Hé ! oui de Tragaldabas. Comme son glorieux descendant, Jodelet est un pleutre incorrigible qui prodigue les fanfaronnades quand il se croit à l'abri des coups. Ce valet a une peur insurmontable de tout ce qui ressemble à l'acier, mais il croise gaillardement le fer quand il sent son maître à ses côtés, son maître qu'il traite de lâche lorsque celui-ci met des lenteurs à lui éviter la peine de se défendre... Vive Jodelet!... Vive don Japhet d'Arménie, surtout!... Un fou, dira-t-on, c'est-à-dire un homme qui n'existe pas dans la nature... Ah bah! J'ai le cynisme de croire que dans ce monde sublunaire chacun est plus ou moins lunatique. Chacun a son grain de folie plus ou moins développé. Tant pis pour qui dédaignerait Scarron!... et qui ne serait pas un peu fou!...

Et Molière, le grand comique du grand siècle? Eh bien! mais, lui aussi, Molière s'est tordu les côtes et désopilé la rate en se cousant dans la peau de ses drôlatiques bons-hommes. Lui aussi, il a eu le rire jeune, large, étincelant, le rire d'abondance. Consultez plutôt ses valets et ses servantes. Ses Scapin, ses Mascarille ont tous une façon insolente de se carrer, le poing sur la hanche, l'œil au guet. Ses Dorine, ses Martine ont toutes le verbe haut et la langue bien pendue. Ses bourgeois, Chrysale, Géronte, Argante, sont d'un opportunisme archi-ventru, ses marquis d'une frivolité outrecuidante quand ils ne sont pas d'une canaillerie raffinée. Il y a surtout un type phénoménal qui a hanté le génie de Molière, et à la consécration duquel le sieur Poquelin a dépensé des trésors de verve et de fantaisie lyrique; c'est celui de Sganarelle (il se nomme parfois Arnolphe), le cocu personnifié qui se pavane dans l'œuvre de Molière avec l'arrogance et les proportions d'un demi-dieu. C'est l'apothéose fulgurante des cornes symboliques qui allument un double croissant sur le front de tous les confrères de l'illustre confrérie inventée pour la gloire et le divertissement de l'humanité... Cocu imaginaire ou pas, Sganarelle dépasse la stature ordinaire des bipèdes de son espèce, soit qu'il cherche à enchaîner la fidélité de sa femme, soit surtout qu'il rumine une vengeance contre les larrons d'honneur qui l'ont... trompé.

> L'on m'appellera sot de ne me venger pas.
> Mais je le serais fort de courir au trépas.
> Je me sens là pourtant remuer une bile
> Qui veut me conseiller quelque action virile.
> Oui, le courroux me prend ; c'est trop être poltron.
> Je veux résolument me venger du larron.
> Déjà, pour commencer dans l'ardeur qui m'enflamme,
> Je vais dire partout qu'il couche avec ma femme.

On dira ce qu'on voudra, mais je trouve le rire de Molière plus franc, plus délibéré dans ses premières pièces que dans ses chefs-d'œuvre classiques. Je ne retouve ni dans *Tartuffe* ni dans le *Misanthrope* un couplet aussi verveux que tel morceau de l'*Etourdi* ou que la fugue de Gros-René dans le *Dépit amoureux* :

> Car, voyez-vous, la femme est, comme on dit, mon maître,
> Un certain animal difficile à connaître
> Et de qui la nature est fort encline au mal ;
> Et, comme un animal est toujours animal,
> Et ne sera jamais qu'animal, quand sa vie
> Durerait cent mille ans, aussi, sans repartie
> La femme est toujours femme, et jamais ne sera
> Que femme, tant qu'entier le monde durera :
> D'où vient qu'un certain Grec dit que sa tête passe
> Pour un sable mouvant. Car goûtez bien, de grâce,

Ce raisonnement-ci, lequel est des plus forts :
Ainsi que la tête est comme le chef du corps,
Et que le corps sans chef est pire qu'une bête,
Si le chef n'est pas bien d'accord avec la tête,
Que tout ne soit pas bien réglé par le compas,
Nous voyons arriver de certains embarras ;
La brutale partie alors veut prendre empire
Dessus la sensitive, et l'on voit que l'un tire
A dia, l'autre à hurhaut ; l'on demande du mou,
L'autre du dur; enfin tout va sans savoir où...
Pour montrer qu'ici-bas, ainsi qu'on l'interprète,
La tête d'une femme est comme la girouette,
Au haut d'une maison, qui tourne au premier vent ;
C'est pourquoi le cousin Aristote souvent
La compare à la mer ; d'où vient qu'on dit qu'au monde
On ne peut rien trouver de plus stable que l'onde.
Or par comparaison (car la comparaison
Nous fait distinctement comprendre une raison,
Et nous aimons bien mieux, nous autres gens d'étude,
Une comparaison qu'une similitude),
Par comparaison donc, mon maître, s'il vous plaît,
Comme on voit que la mer, quand l'orage s'accroît,
Vient à se courroucer, le vent souffle et ravage,
Les flots contre les flots font un remue-ménage
Horrible, et le vaisseau, malgré le nautonnier
Va tantôt à la cave et tantôt au grenier :
Ainsi quand une femme a sa tête fantasque,
On voit une tempête en forme de bourrasque
Qui veut compétiter par de certains... propos,
Et lors, un... certain vent, qui par... de certains flots
De... certaine façon, ainsi qu'un banc de sable...
Quand... Les femmes, enfin, ne valent pas le diable.

Bravo ! Molière, voilà le bon vers comique... Loin de

moi, du reste, la pensée que le *Misanthrope* suinte l'ennui ! Le Misanthrope me paraît au contraire un personnage de haute fantaisie, et je soutiens qu'on le défigure si on se le représente autrement que sous les traits d'un bourru fantasque qui s'excite et qui s'amuse à bougonner rudement. C'est un artiste comme le Menteur, mais un artiste à rebours ; car sa verve, au lieu de se répandre au dehors, s'épanche en dedans. Il savoure son humeur noire avec l'extravagance d'un original qui s'offre la comédie à lui-même en l'offrant aux autres. Tant pis pour ceux qui le prennent au tragique ! C'est un sanglier domestique qui se promène dans un salon et fait mine de distribuer des coups de boutoir de droite et de gauche. Ou plutôt c'est un porc-épic, un hérisson toujours en boule, un hérisson qui, dès qu'on l'approche, rentre en lui-même et se hérisse de pointes menaçantes, par la combinaison de deux mouvements contraires et presque simultanés. Doublement lyrique, cet Alceste qui, pour mieux s'escrimer, s'exagère à lui-même ses rancunes contre l'humanité, et qui semble démontrer que le lyrisme ne produit pas toujours exclusivement une effusion des sentiments, mais aussi parfois une contraction de l'âme se resserrant d'abord pour se dilater ensuite plus violemment. Distinguons très gravement deux sortes de lyrisme : le lyrisme centrifuge et le lyrisme centripète... Parfaitement ! Le lyrisme centripète précède et provoque chez Alceste le lyrisme centrifuge. Les boutades du Misanthrope résultent de la coalition de deux courants opposés. Le personnage de Molière s'affiche comme la synthèse de ces deux lyrismes non classés par les faiseurs de poétiques, mais qui courent les rues. Alceste me rappelle un de mes amis, une tête embroussaillée enfouie entre deux épaules et au milieu de laquelle brillent d'une lueur fauve deux yeux de chouette. Chaque fois qu'un rayon agile colore la nue, cet héliophobe crie avec rage : « Cochon de soleil !... » Il y a de l'héliophobe, de la chouette, du hérisson, du porc-épic, du sanglier apprivoisé, mal apprivoisé, mais plus drôle que méchant, chez le Misanthrope, qui parodie d'avance les tirades atrabilaires de Jean-Jacques Rousseau.

D'où vient donc que le *Misanthrope* et d'autres chefs-d'œuvre de Molière me laissent un peu froid ? Je vous demande pardon, messieurs les Moliéristes, mais j'ai comme une vague idée que le vers de Molière n'est pas toujours aussi pittoresque que ses conceptions. Que Boileau s'extasie sur la facilité avec laquelle notre grand comique versifiait, c'est d'une bonne âme. Il me semble néanmoins que le génie de Molière galope avec plus de brio, plus de fantaisie débridée, sur le terrain de la prose que sur celui de la poésie. Je m'explique ainsi que certains hérétiques, cuirassés contre les anathèmes de l'orthodoxie universitaire, préfèrent le vers de Regnard à celui de Molière... C'est une hérésie assurément, et M. Sarcey a raison, quoique ancien universitaire, quand il s'encourage à trouver la langue de Molière beaucoup plus forte, plus savoureuse, plus... Convenu ! Mais le style de Regnard a la friponnerie de paraître plus pimenté, plus piquant, plus mousseux, plus « péché de jeunesse... » C'est si bon la jeunesse! et si doux de pécher... même contre le goût! Humble pécheur devant Regnard, l'Éternel, je m'incline religieusement sur la tombe de celui que j'aurais assassiné si j'avais vécu de son temps. Certes! je l'aurais assassiné, ce Regnard, pour lui voler le *Légataire universel*... A moi le *Légataire universel*!... Là-dessus, comme j'aurais arpenté ma chambre pendant des heures en répétant à tue-tête la scène où Crispin se présente à Géronte en gentilhomme campagnard :

> Mes traits vous sont nouveaux: savez-vous bien pourquoi ?
> C'est que vous ne m'avez jamais vu.....
> Mais feu monsieur mon père, Alexandre Choupille,
> Gentilhomme normand, prit pour femme une fille
> Qui fut, à ce qu'on dit, votre sœur autrefois,
> Et qui me mit au jour au bout de quatre mois.
> Mon père se fâcha de cette diligence ;
> Mais un ami sensé lui dit en confidence
> Qu'il est vrai que ma mère, en faisant ses enfants,
> N'observait pas encore assez l'ordre des temps :
> Mais qu'aux femmes, l'erreur n'était pas inouïe
> Et qu'elle ne manquait qu'à la chronologie.
> Or donc, cette femelle, à concevoir si prompte
> Qu'à tout considérer quelquefois j'en ai honte,
> En me mettant au jour, soit disgrâce ou faveur,
> M'a fait votre neveu, puisqu'elle est votre sœur.

Et dans un bel accès d'enthousiasme, j'aurais probablement enfilé aussi la scène suivante, celle où Crispin s'amène sous les habits d'une veuve excentrique, prétendue nièce de Géronte...

ÉRASTE

Elle sait vraiment vivre et sa taille est charmante.

CRISPIN

Fi donc! vous vous moquez; je suis à faire peur.
Je n'avais autrefois que cela de grosseur.
Mais vous savez l'effet d'un second mariage,
Et ce que c'est d'avoir des enfants en bas âge :
Cela gâte la taille, et furieusement.

LISETTE

Vous passeriez encor pour fille assurément.

CRISPIN

J'ai fait du mariage une assez triste épreuve.
A vingt ans mon mari m'a laissé mère et veuve.
Vous vous doutez assez qu'après ce prompt trépas,
Et faite comme on est, ayant quelques appas,
On aurait pu trouver à convoler de reste ;
Mais du pauvre défunt la mémoire funeste
M'oblige à dévorer en secret mes ennuis.
J'ai bien de fâcheux jours et de plus dures nuits :
Mais d'un veuvage affreux les tristes insommies
Ne m'arracheront point de noires perfidies ;
Et je veux chez les morts emporter, si je peux,
Un cœur qui ne brûla que de ses premiers feux.

ERASTE

On ne poussa jamais plus loin la foi promise :
Voilà des sentiments dignes d'une Artémise.

GERONTE

Votre époux vous laissant mère et veuve à vingt ans
Ne vous a pas laissé, je crois, beaucoup d'enfants.

CRISPIN

Rien que neuf. Mais, le cœur tout gonflé d'amertume,
Deux ans encore après j'accouchai d'un posthume.

LISETTE
Deux ans après ; voyez ! quelle fidélité...
On ne le croira pas dans la postérité.

Ce Crispin, quelle canaille ! mais quel brave garçon !... Quant à Regnard, il y a longtemps que je lui ai dressé une statue dans mon cœur. J'avais même convié l'Académie Française à cette cérémonie solennelle quoique intime. Mais M. Camille Doucet m'a répondu que les héros et les héroïnes de Regnard avaient manqué de respect à la mémoire de M. Monthyon. Il est vrai que M. Camille Doucet est un poète lyrique, et que Regnard est un pitre... N'empêche que ce pitre-là a des gestes bouffons d'une ampleur homérique, et des éclats de rire que traversent des sonneries de clairon ivre. Ses lazzis ont l'envergure d'un hymne où le péan fraternise avec l'évohé. La muse de Regnard ressemble à un soldat grec muni de pampres verts et harnaché de grappes vermeilles, qui se rue aux fêtes de Bacchus, persuadé qu'il court à la bataille de Marathon... Voulez-vous que je vous dise ? Je troquerais volontiers toutes les odes de Pindare contre une scène du *Légataire Universel*... Ah ! si Regnard avait des rimes un peu plus riches, un peu plus riches seulement !...

Le xviiie siècle semble assez pauvre, si on lui ordonne d'exhiber son patrimoine de poésie comique. D'abord le xviiie siècle est le siècle de la prose, de la belle prose d'ailleurs. Et puis ses poètes comiques (car il en compte un certain nombre) manquent de brio, d'allure... Il y a bien Gresset !... sans doute, Gresset... le *Méchant*... Mais le

Méchant, œuvre intéressante et presque forte, ne sort guère de la note grise, aimable, honnête et terne. Il y a aussi Piron, qui a écrit la *Métromanie*, un chef-d'œuvre... On le dit du moins. Avez-vous lu la *Métromanie*?... Je l'ai lue dans l'espoir d'y rencontrer quelqu'une de ces gaudrioles énormes que la légende prête à Piron, de ces facéties renversantes qu'on attend d'un auteur qui, flageolant sur ses jambes un jour de Vendredi-Saint, s'exclamait « Quand la divinité succombe, l'humanité peut bien chanceler... » J'ai été déçu. Je vous affirme que dans l'œuvre de Piron la « machine à saillies et à épigrammes » fonctionne très médiocrement. Le vers comique de celui qui « éternuait » des bons mots et des impromptus éternue très peu ; il ne porte même pas le nez au vent. On dirait du Ponsard alambiqué... La conception de la *Métromanie* ne laisse pourtant pas d'être piquante. Ce duel ou plutôt ce tournoi entre l'amour des vers poussé jusqu'à la manie et l'intolérance du positivisme bourgeois contenait un motif à variations brillantes. C'est la facture qui pèche. Je ne remarque guère qu'un bout de dialogue où le vers se rebiffe et ne se mouche pas du pied :

BALIVEAU
Mais les beautés de l'art ne sont pas infinies.
Tu m'avoueras du moins que ces rares génies,
Outre le don qui fut leur principal appui,
Moissonnaient à leur aise où l'on glane aujourd'hui.

DAMIS
Ils ont dit, il est vrai, presque tout ce qu'on pense.
Leurs écrits sont des vols qu'ils nous ont faits d'avance.

Mais le remède est simple : il faut faire comme eux.
Ils nous ont dérobés, dérobons nos neveux ;
Et, tarissant la source où puise un beau délire,
A la postérité ne laissons rien à dire.
Un démon triomphant m'élève à cet emploi :
Malheur aux écrivains qui viendront après moi !...

C'est égal, je préfère à la *Métromanie* de Piron le *Glorieux* de Destouches. Ce n'est pas un chef-d'œuvre ; mais c'est l'œuvre d'un poète comique qui doit ronfler quand il dort, et dont le vers très éveillé éternue quelquefois. Il y a là un valet hâbleur, du nom de Pasquin, qui a le sens de la description artistique. Voici comme il dessine le château de son maître, le château de Tuffière :

C'est le plus beau château qui soit sur la Garonne.
Vous le voyez de loin qui forme un pentagone...

LISETTE
Pentagone ! bon Dieu ! quel grand mot est-ce là ?

PASQUIN
C'est un terme de l'art.

LISETTE
                Je veux croire cela :
Mais expliquez-moi bien ce que ce mot veut dire.

PASQUIN
Cela m'est très facile, et je vais vous décrire
Ce superbe château, pour que vous en jugiez,
Et même beaucoup mieux que si vous le voyiez.
D'abord, ce sont sept tours entre seize courtines...
Avec deux tenaillons placés sur trois collines...
Qui formant un vallon dont le sommet s'étend
Jusque sur... un donjon... entouré d'un étang...

Et ce donjon placé justement... sous la zone...
Par trois angles vaillants forme le pentagone...

Très enlevée aussi la silhouette du comte de Tuffière, le *Glorieux,* qui insiste pour que le notaire chargé de dresser le contrat inscrive la kyrielle de ses prénoms, titres sous-titres, etc... Très enlevée la silhouette de Lisimon, le bourgeois enrichi, le Poirier avant la lettre qui n'admet point qu'on l'humilie :

LISIMON

Antoine Lisimon, écuyer.

LE COMTE

Rien de plus ?

LISIMON

Et seigneur suzerain... d'un million d'écus.

LE COMTE

Vous vous moquez, je crois; l'argent est-il un titre ?

LISIMON

Plus brillant que les tiens ; et j'ai dans mon pupitre
Des billets au porteur dont je fais plus de cas
Que de vieux parchemins, nourriture des rats...

V

Hâtons-nous d'accoster le xixe siècle. L'École Romantique, résolue à broyer les moules classiques, à supprimer toute barrière entre les divers genres, devait fatalement restituer à la comédie ces grelots lumineux et sonores auxquels ses origines lyriques lui donnent droit. Mais par une bizarrerie qu'il serait facile d'expliquer, l'École Romantique prit généralement le lyrisme au tragique, et fit de la strophe un épouvantail cousu de paillettes d'or et semé de taches de sang. Les héros du théâtre romantique passent volontiers leur temps à s'enivrer d'azur, la harpe en main, ou à casser des verres en plantant leur poignard dans la table des cabarets... Azur!... aurore!... tudieu!... enfer!... malédiction!... Leur rire a des fusées qui s'épanouissent en blasphèmes, leur gaieté pétille à la façon d'une flamme suspecte d'où jaillit le démon... On n'a pas envie de plaisanter avec ces gens-là... Et cependant le théâtre romantique contient des fragments et des œuvres entières où le lyrisme se met magnifiquement au service de la comédie. Victor-Hugo n'a pas fait jouer de comédies, même en vers. Mais le personnage de Triboulet, avant de s'éclairer d'un reflet tragique, roule sa bosse avec la désinvolture belliqueuse d'un Brenn contrefait. N'est-ce pas lui qui dit à M. de Cossé :

> Je ne crains rien, sinon que ma bosse me rentre
> Au corps et comme à vous me tombe dans le ventre...

N'est-ce pas lui qui lance contre les pédants cette tirade dont les lanières sifflent et chantent à la fois :

> Il n'est pas d'animal
> Pas de corbeau goulu, pas de loup, pas de chouette,
> Pas d'oiseau, pas de bœuf, pas même de poète,
> Pas de mahométan, pas de théologien,
> Pas d'échevin flamand, pas d'ours et pas de chien
> Plus laid, plus chevelu, plus repoussant de formes,
> Plus caparaçonné d'absurdités énormes,
> Plus hérissé, plus sale et plus gonflé de vent
> Que cet âne bâté qu'on appelle un savant...

Triboulet a pour cousin l'Angely, le bouffon de Louis XIII, moins primesautier toutefois que le bouffon de François 1er : nécessairement !... En revanche sur le canevas assez sombre de *Marion Delorme* se détachent des scènes très allègres comme celle des comédiens où la fantaisie du poète s'est donné carrière... Mais la palme revient à Don Cézar de Bazan, l'ancien compagnon de Ruy Blas, dont le rire empanaché semble suivi ou précédé de « cent clairons sonnant des tintamarres. » On voudrait s'enrôler dans la bande de ce sacripant doublé d'un gentilhomme, de ce César

> Plus délabré que Job et plus fier que Bragance,
> Drapant sa gueuserie avec son arrogance,
> Et qui, froissant du poing sous sa hanche en haillons
> L'épée à lourd pommeau qui lui bat les talons,
> Promène d'une mine altière et magistrale
> Sa cape en dents de scie et ses bas en spirale...

On n'éprouve pas le moindre étonnement lorsqu'il tombe d'une cheminée au beau milieu d'un appartement. C'est tout naturel. Il nous a prévenus :

> Je m'appelle César, comte de Garofa,
> Mais le sort de folie en naissant me coiffa...

Dépouillé de ses biens, il s'en passe :

> Le soir, le front sur un pavé
> Devant l'ancien palais des comtes de Teré
> Je vais dormir avec le ciel bleu sur ma tête...
> La fontaine voisine a de l'eau : j'y vais boire.
> Et puis je me promène avec un air de gloire.

La crânerie est la qualité primordiale de ce Don César dont le manteau troué laisse voir le gentilhomme :

> Oh! je comprends qu'on vole et qu'on tue et qu'on pille,
> Que par une nuit noire on force une bastille
> D'assaut, la hache au poing, avec cent flibustiers,
> Qu'on égorge estafiers, geôliers et guichetiers,
> Tous taillant et hurlant en bandits que nous sommes :
> Œil pour œil, dent pour dent, c'est bien!.. hommes contre hommes.

> Mais doucement détruire une femme et creuser
> Sous ses pieds une trappe ! et contre elle abuser,
> Qui sait? de son humeur peut-être hasardeuse!...
> Prendre ce pauvre oiseau dans quelque glu hideuse!...
> Oh! plutôt qu'arriver jusqu'à ce déshonneur,
> Plutôt qu'être à ce prix un riche et haut seigneur,
> Et je le dis ici pour Dieu qui voit mon âme,
> J'aimerais mieux plutôt qu'être à ce point infâme,
> Odieux et pervers, misérable et flétri,
> Qu'un chien rongeât mon crâne au pied du pilori.

C'est la *Marseillaise* d'un chevalier en guenilles... *Interdum vocem comœdia tollit*, pourraient dire les nourrissons d'Horace qui continuent à manger du latin à la barbe de M. Raoul Frary.

Je devrais peut-être signaler en les rapprochant de fragments du *Roi s'amuse* quelques passages de la *Mort de François Ier* de Félix Arvers. Le poète qui s'est immortalisé par un sonnet de forme quintessenciée mériterait d'être connu par les vers très réalistes et très pittoresques dont il a tissé son drame. C'est un bel essai de théâtre libre.

Mais il est un maître que je dois citer immédiatement après Victor Hugo, dans l'orbe duquel une critique dédaigneuse s'efforce de le faire rentrer malicieusement, bien que sa personnalité se détache en vigueur et éclate à tous les yeux : c'est Auguste Vacquerie, l'auteur de *Tragaldabas*. Je n'hésite point à considérer *Tragaldabas* comme le chef-d'œuvre de la comédie en vers au XIXe siècle. L'idée même de la pièce est d'une cocasserie pyramidale. Tragaldabas est un homme dont la vie est précieuse au seigneur don Eliseo. — Pourquoi? — Parce que Don Eliseo aime Dona Caprina, la femme de Tragaldabas. — Mais alors?... — Permettez! Don Eliseo aime Dona Caprina, mais Dona Caprina voudrait épouser Don Eliseo. — Raison de plus pour supprimer Tragaldabas! — Halte-là! Le seigneur Eliseo tient beaucoup à la vie de Tragaldabas. Amant, soit! mais époux, diable!... Voilà Don Eliseo condamné à tirer ce vaurien de Tragaldabas de tous les mauvais pas où son étoile le conduit, à sauver sans cesse Tragaldabas qui ne comprend pas d'abord pourquoi ce seigneur lui veut tant de bien. Don Eliseo est obligé d'arracher Tragaldabas aux mains de la justice, de se battre pour lui, de l'empêcher de se suicider. Tragaldabas finit, lorsqu'il a éventé la mèche, par abuser du dévouement de Don Eliseo, jusqu'au jour où celui-ci découvre la supercherie de Dona Caprina, qui n'est point mariée à Tragaldabas: elle feint d'être pourvue d'un mari pour mieux éprouver ceux qui déclarent l'aimer.

Auguste Vacquerie a tiré de cette situation un parti mirifique. Tragaldabas a des façons si héroïques d'étaler sa lâcheté, qu'on aurait envie de le nommer grand-croix de la Légion du déshonneur.

Car puisque j'ai laissé démolir sans ressource
Mon honneur, ptt! mon dos, hai! mais grand Dieu! ma
Et que je n'ai tenté nulle rébellion,   [bourse,
Je vois ce que je suis, je n'ai rien du lion.
Quelle chance! C'est très dangereux, le courage!
On se blesse d'un mot, on est pris de la rage

> Du duel et l'on se fait découdre le pourpoint.
> Après ce que je viens d'endurer, je n'ai point
> A craindre que jamais pour un mot qui mal sonne
> On me voie envoyer des témoins à personne.
> Bonsoir le point d'honneur et le respect humain!
> Je respire, je vais marcher dans mon chemin,
> Libre et fier, aspirant l'air à pleine narine!
> Car certes si j'avais au fond de la poitrine,
> Je ne dis pas le cœur d'Achille ou d'Annibal,
> Mais un cœur ramassé par terre dans un bal,
> Un cœur infatué de gloriole vile,
> Il eût bondi : le mien est resté bien tranquille.
> Ce n'est pas là sans doute un symptôme trompeur,
> Et je n'aurai plus peur de ne pas avoir peur.

Quand il sort de table, Tragaldabas éructe des vers dans ce goût-ci :

> Je suis malade,
> Je me repens d'avoir mangé de la salade.

La fumée du vin l'oblige à déraisonner d'une manière exquise sur le porc aux choux... Quand il a saisi le jeu de Don Eliseo, il se plaint à Dona Caprina, sa femme supposée, avec humour :

> Tu m'as, — et ton tarif disputait chaque écu, —
> Payé comme mari, mais non comme trompe.
> J'en conviens avec toi, ce n'est qu'une nuance :
> Les deux mots ont entre eux une étroite alliance.
> Mais dans quelque union qu'ils aient toujours vécu,
> Mari ne veut pas dire absolument trompé.
> On peut les distinguer par extraordinaire,
> On ne lit pas encor dans le dictionnaire :

> *Mari*, voyez *trompé*. Quand nous nous promenons
> Et qu'à te voir si belle on demande nos noms,
> Toi-même n'en voudrais si, suivant ton programme,
> Je répondais : Je suis le trompé de madame.

Là-dessus il s'ingénie à exploiter Don Eliseo. Il prend la vie en dégoût; mais il a le spleen amusant :

> Entre nous l'existence est un assommant livre.
> Tenez, je trouverais simple et raisonnable, oui,
> Qu'un homme se tuât seulement par ennui
> D'avoir à s'habiller tous les jours. Valet, maître,
> Voici la vie : ôter ses bas pour les remettre.
> Señor, comprenez-vous quelque chose de plus
> Ecœurant à la fin que ce flux et reflux
> D'étoffe ? Heureux les chiens !...

Puis il a des duels extravagants... Pour un peu je transcrirais tout le rôle de Tragaldabas, ce qui me forcerait à transcrire ceux de Grif et de Minotoro, sans compter celui de Don Eliseo qui aime Dona Caprina et dont les vers répandent sur ce fond vineux et truculent une traînée de poésie bleue et irisée. Le *Tragaldabas* de Vacquerie est incontestablement le chef-d'œuvre de la comédie qui rampe et qui vole, qui titube et qui plane, qui se barbouille de lie et qui accroche des lambeaux d'aurore à sa chevelure... La bête et l'ange !... Dors-tu content, Pascal?

Ceci me fait penser à Alfred de Musset. Personne plus que lui n'a eu le don de la fantaisie ailée, personne n'a su passer avec plus d'aisance du ton badin au ton lyrique. J'adore Musset... Pourquoi donc trouvé-je qu'à de certains quarts d'heure il a l'air de se moquer de moi ? Parfois, quand je lis ce divin poète, je me fais l'effet d'un vulgaire philistin, et cela m'embête... Musset me déconcerte par ses coq-à-l'âne d'un sentimentalisme intermittent. Dès lors comment voulez-vous que son théâtre en vers m'empaume réellement ? Je suis sans cesse sur le qui-vive en présence d'un auteur qui s'amuse à me berner comme un provincial de Pontoise ou de Pontivy. Sa gaieté procède par boutades contradictoires: tout à coup il devient sublime à propos de bottes... C'est de la haute mystification. Prenez les *Marrons du feu*. C'est très joli, mais je me pose à tout bout de champ la question de Figaro : « Qui trompe-t-on ici? » Vive la fantaisie ! à la condition qu'elle se nuance d'un soupçon de logique... Ce qui manque le plus à ce grand sceptique d'Alfred de Musset, quand il lui manque quelque chose, c'est la sincérité, la conviction artistique, littéraire. Sa gaieté tourne à la fumisterie. Quant à ses emballements, lorsqu'ils ne sont pas des cris du cœur, on dirait des attaques de nerfs. Il ne croit qu'à l'amour, déclare-t-il, mais pour lui ou chez lui, l'amour se manifeste par des crises de larmes... Sacré nom! ce lyrisme physiologique escorté de spasmes élégiaques m'agace un peu. Je suis presque tenté de crier à l'hystérie... Quel dommage ! Quand il est dans son assiette, Musset a la gaieté franche, saine, robuste, le vers vif, alerte, déluré, gaulois, français. Relisez *Dupont et Durand*, *A quoi rêvent les jeunes filles?*... Et il est poète avec cela ! poète incomparable... Ah ! ce diable de scepticisme...

Un poète qui, à défaut d'autres convictions, a eu le culte passionné de la forme, s'est chargé de délecter les amateurs de théâtre fantaisiste en leur laissant le *Tricorne enchanté*, *Pierrot posthume*... Au point de vue scénique, cela ne tient pas debout, mais en revanche cela saute, cela gambade... Frontin n'est pas moins merveilleux que son chapeau, un chapeau qui le rend invisible, et qui par suite lui sert de logis, de cave, de cuisine:

> Quand l'heure du dîner me carillonne au ventre,
> J'enfonce mon castor jusqu'au sourcil et j'entre
> Chez quelque rôtisseur, invisible pour tous.
> Là, parmi les poulets colorés de tons roux,
> J'avise le plus blond, je le prends et le mange,
> Les pieds sur les chenets, où nul ne me dérange,
> Puis du bouchon voisin, pour arroser mon rôt,
> Je sable du meilleur, sans payer mon écot.

Et Pierrot ? Il est à croquer lorsqu'il rentre à Paris après une escapade presque tragique:

> Mouillez-vous, ô mes yeux ! et toi, lèvre attendrie,
> Baise sur le pavé le sol de la patrie !
> Aspirez, mes poumons, l'air du natal ruisseau !
> Bonjour, Paris !... Salut, rue où fut mon berceau !
> Le cabaret encor rit et jase à son angle :
> A ce cher souvenir l'émotion m'étrangle ;
> Mon nez qui se dilate aspire avec douceur
> Les parfums que répand l'étal du rôtisseur.

Il avait déserté tout cela pour se soustraire aux poursuites de la justice. Comme il errait sur les côtes d'Espagne, il fut pris par un corsaire turc:

Mes braves compagnons se firent hacher tous !
Comme il faisait très chaud, moi, de crainte du hâle,
J'étais allé chercher de l'ombre, à fond de cale ;
Mais bientôt, de mon coin brutalement extrait,
Je sentis à mon col un nœud qui le serrait.
Ma pose horizontale en perpendiculaire
Se changea. J'aperçus, dans l'onde bleue et claire,
Un reflet s'agiter et s'allonger en *i*.
Je fis un entrechat, et couac... tout fut fini !
Quel moment !... Mais le Ciel, dans sa miséricorde,
Voulut que l'on coupât un peu trop tôt la corde ;
Je tombai dans la mer, et, des vagues poussé,
Par des pêcheurs, je fus, près du bord, ramassé.
C'est jouer de bonheur ! Pourtant cette aventure
Me donne dans le monde une étrange posture ;
Et c'est une apostrophe à rester confondu,
Si quelqu'un me disait : Voyez Pierrot pendu !

Hein ? Est-ce torché ?... Mais il est entendu que ça ne tient pas debout ; et alors... Ceux à qui la rime refuse ses faveurs en concluent que la poésie ne saurait se concilier avec la science du théâtre.

Le maître du théâtre contemporain, du théâtre en prose, Emile Augier, a essayé lui aussi d'introduire sur la scène la fantaisie poétique. Cet essai a produit le type de Don Annibal, de l'*Aventurière*, un type d'une belle venue. L'admirable trogne que celle de ce soudard qui s'épanche dans le sein de Fabrice :

Monsieur, moi qui vous parle, entre autres révérends,
Carmes et Franciscains, qui furent mes parents,
Je cite avec orgueil Don Paul Grégoire Ignace,

Evêque *in partibus* d'une ville de Thrace.
C'était un très-saint-homme et je suis convaincu
Qu'on l'eût canonisé... s'il avait mieux vécu.
Mais...

(Il parle à l'oreille de Fabrice)

FABRICE

Vraiment?

DON ANNIBAL

Comme j'ai l'honneur de vous le dire,
Et quand on l'y prenait il se mettait à rire.
Buvons à la santé de ce pauvre défunt!

Je regrette qu'Emile Augier se soit arrêté en si beau chemin, et que ses autres comédies en vers s'en aillent benoîtement vers la prose... Il est vrai qu'Emile Augier, en prose, oh! en prose... saluez!

Comment se fait-il que j'aie tant tardé à parler de celui qu'on nomme le maître ès-poésie et ès-rimes françaises!... Je tenais à le conserver pour la bonne bouche, attendu qu'il est la pâture quotidienne de tous ceux qui se piquent de rimer aujourd'hui. Précisément, le Théâtre-Libre, — dont l'initiative intrépide contribuera, je l'espère, à l'épanouissement d'une littérature plus jeune, plus fringante, plus folle au besoin que les vieilleries inédites dont on nous assassine couramment, — le Théâtre-Libre vient de représenter *Le Baiser*, un acte nouveau de Théodore de Banville. Triomphe pour l'auteur et pour les interprètes!... Mais je n'ai à me préoccuper que de l'auteur. Théodore de Banville a compris depuis longtemps que la « Comédie est née directement de l'Ode; et en art comme en histoire naturelle, une espèce ne persiste qu'à la condition de garder ses caractères primitifs... » C'est conformément à ce système que Théodore de Banville a ciselé, entre autres bijoux, le *Beau Léandre*, dont le héros (Léandre), sommé de se procurer immédiatement cent écus, s'écrie :

> Sous quel dôme céleste et dans quel hémisphère
> Décrocher d'un seul coup ce brelan de soleils ?
> Quel obscur souterrain contient des sacs pareils ?
> Cent écus ne sauraient se trouver sous la queue
> D'une cavale! A qui, dessous la voûte bleue
> Demander ce Pactole, où pourraient, j'en réponds,
> Naviguer aisément des vaisseaux à trois ponts...

et les *Fourberies de Nérine*, dans lesquelles Scapin repousse si éloquemment toute proposition matrimoniale :

> Scapin marié! Que diraient mes aïeux,
> Mon passé, mon histoire, et ces bandits joyeux
> Qui chantent mes hauts faits en pinçant leur guitare !...
> O prodige inouï! Monstruosité rare !
> Coup d'œil inattendu ! Non, plutôt que de voir
> Cette métamorphose horrible à concevoir
> Du lion subissant une injure dernière,
> On verrait le Vésuve à l'ardente crinière
> Changer sur les sommets où son panache luit
> Son aigrette de flamme en un bonnet de nuit...

Oserai-je le dire? Une chose m'inquiète dans l'œuvre de Banville. C'est la confiance illimitée que, depuis quelque temps surtout, ce maître semble avoir ou prétend avoir dans la rime. D'abord je déclare très naïvement qu'au théâtre la succession ininterrompue des rimes tintinnabulantes, carillonnantes m'étourdit, au point de m'empêcher de suivre le dialogue. Car, tandis qu'une rime de trois syllabes me tarabuste l'oreille, il m'est impossible de percevoir les vers suivants, le bourdonnement opiniâtre d'un calembour musical ayant pour effet de paralyser provisoirement les facultés de l'ouïe... En outre, j'estime que la rime riche prend beaucoup plus de relief, paye beaucoup plus fructueusement de sa personne, lorsque par une aimable et discrète économie des ressources poétiques on la réserve pour les grandes circonstances où elle doit en quelque sorte charger, l'épée haute, la crinière au vent. Il ne faut pas faire donner la garde à tout propos... Enfin, je le dirai tout bas, j'ai bien peur que la rime-fétiche ne dispense ses prêtres de penser. Les prêtres pensent rarement, ceux de la rime riche pourraient bien être victimes d'une obsession technique. Théodore de Banville est un grand poète non pas uniquement parce qu'il excelle à danser sur la corde raide ou à jouer au bilboquet, mais encore et principalement parce que chez lui la poésie coule à flots, comme un fleuve sûr de lui-même, et que les cascades de la route, — ces prétextes à gerbes ensoleillées, à dentelles écumeuses, — ne dispersent pas, n'émiettent pas hors de son lit, ne font pas se dissiper, s'évanouir en poussière d'eau. Entre ces cascades qui accidentent son cours, le fleuve se retrouve et étend le long de rives verdoyantes ses nappes profondes et majestueuses. Car il est fleuve, et la nature accorde aux fleuves plus de puissance qu'aux ruisseaux. Messieurs les fleuves ne s'en rendent pas toujours compte, et il leur arrive d'ériger les cascades en maximes littéraires d'une portée générale.

Despréaux a lâché, au sujet de la rime, une bêtise qu'il serait puéril de relever désormais. De son côté, Théodore de Banville me paraît avoir outré la réaction contre la poétique du xviie siècle. La rime est une esclave, dit Nicolas ; la rime est une reine, dit Théodore. Ces deux affirmations heurtent également l'esprit démocratique des temps modernes, ô Théodore et Nicolas. Ni esclave ! ni reine !... Une auxiliaire brillante d'accord, mais une auxiliaire seulement. Voulez-vous que nous la comparions à la cantinière du régiment qui tend le gobelet aux soldats essoufflés (dame ! le vers de douze syllabes peut avoir soif après avoir tiré dix ou onze coups ?...) Vous plaît-il de l'assimiler au trompette qui sonne la charge ?... J'irai, puisque nous voilà partis, jusqu'à décerner à la rime le brevet de colonel ; chevauchez, ô mon colonel, en tête de vos troupes... Mais si vous chevauchez tout seul sans troupes derrière vous, parions que vous ferez piètre mine en allant au feu !...

Trêve à la métaphore ! J'opine que l'exemple mal compris et mal digéré de Théodore de Banville pourrait bien être funeste aux disciples du maître qui visent uniquement au funambulisme, et s'écartent comme à plaisir du sentiment, de l'idée. Il y a même des poètes, nés poètes, qui se trémoussent à seule fin d'annihiler leurs dons naturels et d'acquérir une science acrobatique grâce à laquelle ils se rendent méconnaissables. J'ai beau ressentir un faible pour les tours de force poétiques, je vous garantis que je ne puis ni entendre ni lire sérieusement une pièce qui serait écrite tout entière dans ce style-ci :

> Et qui fera rentrer dans mon âme calmée
> Le bonheur que j'avais quand je n'étais qu'almée?

De qui ces deux vers?... Bien peu Parisien celui qui ne reconnaîtrait pas la touche de Bergerat! Ce Bergerat mérite de compter parmi les esprits les plus originaux du jour. Il a je ne sais quoi de frondeur, de paradoxal, de pas comme tout le monde. Mais je gage qu'il serait plus drôle, s'il visait moins à l'être. Bergerat joue peut-être un peu trop au Caliban, et pour éviter de paraître banal, il devient plus que précieux, — tirebouchonné, tarabiscoté. Il a des gentillesses de femme chinoise dont les poignets cassés augmentent la coquetterie. Singulier calcul! pourquoi Bergerat tient-il à se rapprocher des compatriotes de Confucius? Notez qu'il a des théories excellentes auxquelles il tourne vaillamment le dos dans la pratique. Je me suis avisé, en griffonnant ces lignes, de lire sa préface à la *Nuit Bergamasque*, et j'y ai découvert, très ingénieusement exprimées, les idées qui m'obsédaient au sujet du vers comique. E. Bergerat parle excellemment du « grand vers hyperbolique, hyperbouffon... » Bravo! Mais faut-il que la rage de la dislocation brise l'échine du vers de Bergerat, versificateur-caoutchouc, au point que ce vers paraisse étriqué, atrophié, rabougri, recroquevillé, et nullement « hyperbolique, hyperbouffon ? » Des rimes et des mots !... Saperlipopette ! Le comique ne naît pas des mots, quelque « superlificocentieux » qu'ils puissent être, mais de la disposition des mots, du mouvement général de la phrase comme du mouvement scénique. Un dictionnaire même d'argot, reste un dictionnaire, en attendant qu'une intelligence le remue, ainsi que les cordes d'un violon restent des cordes tant que le doigt d'un virtuose s'abstient de les ébranler... Il ne faut pas non plus trop compter sur les rimes baroques qui, prises à part, sont un tantinet de la famille des raisonnements en baralipton. Que de temps le Moyen-Age a perdu à vouloir se mordre la queue ! Que d'instants et que de sève Bergerat gâche et gâte à tourner autour d'un poteau dans l'espoir de s'attraper ! Comme il peine, comme il sue en pure perte, en se livrant à ce jeu ou à cet exercice bizarre, qui rappelle l'*Heautontimorumenos* de Térence, le Bourreau de soi-même. Bergerat professe cette doctrine que « le propre du vers comique est de ne causer aucun effort, de naître joyeusement tout seul et de tomber de la cervelle du poète comme les noix d'un noyer qu'on gaule... » Parfait ! mais j'ai peine à croire que les vers de la *Nuit Bergamasque* n'aient coûté à leur auteur aucun effort. Le fidèle associé de Caliban, tout prestidigitateur qu'il est, ne me fera pas avaler cette pilule-là. J'en appelle à sa bonne foi... Précisément ! Bergerat nous présente la *Nuit Bergamasque* comme « une recherche de vers comique. » Parbleu ! je m'en doutais: en art il faut prendre le contre-pied du précepte de l'Evangile : « Cherchez et vous trouverez... » Ce n'est point que les recherches de Bergerat soient toujours infructueuses. Car il a du flair, un flair de poète, et de poète comique. Jugez-en par ce court passage dans lequel Bruno explique la manière dont Œnobarbe est devenu possesseur de Fatima :

> Ignores-tu l'histoire
> Du mariage ? Il est sans conteste et notoire
> Qu'il l'a, dans un voyage, achetée à treize ans,
> Sur le marché de Smyrne, à deux... hébraïsants,
> Vagues marchands de chair, sortes d'anthropophages
> Mal classés par Buffon, Cuvier et Quatrefages...

C'est certainement bien rimé, mais enfin la rime ne tourne pas ici au calembour. Et cependant c'est très franc d'allure. Voilà le vers comique, celui « qui naît joyeusement et qui tombe de la cervelle comme les noix d'un noyer qu'on gaule », ou pour côtoyer le langage de Piron, le vers qui jaillit dans un éternuement !... Richepin emploierait une autre métaphore plus en harmonie avec la musique populaire de la *Chanson des gueux*.

Jean Richepin, à qui E. Bergerat dédie la préface de la *Nuit Bergamasque*, et qui place son *Monsieur Scapin* sous le patronage de Théodore de Banville, montre du reste par son propre exemple comment la rime a le devoir de parader sur le front de l'alexandrin sans masquer l'alexandrin lui-même qui doit trotter librement derrière la rime et non se faire remorquer par elle. Je crois même que Richepin a réalisé, sans s'en douter, le programme de Bergerat, et que *Monsieur Scapin* nous offre un modèle de vers comique hyperbouffon tout craché. C'est que Richepin trouve avant de chercher, lui !... On aura beau dire : « C'est un Normalien ! c'est un licencié ès lettres !... » Après ? Cela prouve simplement qu'à l'École Normale Richepin devait mettre plus souvent son nez à la fenêtre que dans son pupitre. Car il a un souffle, ce gaillard-là, des poumons !... Je dirais même, pour utiliser une formule classique, que c'est un mâle qui a des... muscles et des reins. Aussi ses vers passent comme une trombe, comme un ouragan, comme un tourbillon de cavaliers touraniens qui lancent au vent de la steppe le « tra la la ou » de leurs guzlas endiablées. J. Richepin transporte dans le dialogue comique ces fanfaronnades stupéfiantes auxquelles l'auteur des *Blasphèmes* nous a habitués. Rappelez-vous l'assaut de forfanterie entre Scapin et Esplandias. Les ripostes de Scapin semblent sortir de la lance d'un Roland descendu dans l'arène avec la culotte à paillettes, le toupet et la huppe d'un clown bariolé, s'élancer du regard d'un Eviradnus qui a pris la tunique à carreaux, la collerette et le serre-tête de Paillasse pour ingurgiter des trombones, des rasoirs et des carabines sur les tréteaux :

Esplandias! Peuh ! c'est ça votre nom !
Écoutez donc le mien, aux splendeurs non pareilles.
Pour mieux l'entendre ouvrez vos deux larges oreilles.
Allons! êtes-vous prêt, mon pauvre Esplandias ?
Hum ! Gorgonbrasidormilisflofondias...

Ça c'est un nom, monsieur ! Personne ne s'y trompe.
Il semble en le disant qu'on sonne de la trompe...

Esplandias se déclare Espagnol : Scapin répond par cette botte gigantomachique :

Ah !... vous n'êtes qu'Espagnol.
Moi, monsieur, je suis fils d'un pays chimérique,
Encor non découvert, de la tierce Amérique,
Où les roquets sont gros comme des oriflans,
Où la tulipe est bleue, où les merles sont blancs,
Où toujours les jeudis sont quatre par semaine,
Où c'est Dieu qui s'agite et l'homme qui le mène,
Si bien que les enfants, même avant d'être nés,
Ont leurs trente-deux dents et du poil sous le nez...

Vlan !... Après un si beau couplet de bravoure, Kléber eût dit à Scapin, en le pressant sur sa poitrine : « Général, vous êtes grand comme le monde !... »

Il faut pourtant que je cherche chicane à Richepin. Pourquoi, lui le poète de toutes les hardiesses, lui qui dispose d'un instrument si vibrant, si sonore, s'est-il amusé à gonfler de vie un type de convention comme Scapin, au lieu de prendre un bonhomme autour de lui et de le planter sur la scène tout guilleret, tout rutilant, tout émerveillé de sa solide charpente et de ses superbes carnations ?... Laissons les Scapin, les Arlequin, les Pasquin, les Frontin, les Pierrot, les Colombine, les fantoches de la comédie Italienne, et même, ô poètes parnassiens, les héros de Boccace. La fantaisie et le lyrisme peuvent très bien s'accommoder de la réalité qui nous enveloppe, qui nous baigne. L'habit noir du rond-de-cuir, le gilet brodé du commis-voyageur, le bourgeron bleu de l'ouvrier, la blanche chupen du paysan breton, la capote grise du piou-piou français fournissent une ample et illustre matière à la verve poétique de celui qui sait démêler à travers l'uniformité apparente de la comédie humaine les tressaillements particuliers et variés de la vie. Non, la vie n'est ni terne, ni grise, ni monotone. L'art consiste à la débarrasser de ce qui entrave ses manifestations, à mettre en relief ce qui la distingue, ce qui la caractérise, ce qui l'affirme réellement. Saisir la nature sur le fait, telle doit être l'œuvre de la fantaisie et du lyrisme, qui se précipitent sur le fait en question sans s'inquiéter des obstacles intermédiaires, sans tenir compte des pierres d'achoppement. Appelez cela du naturalisme, si le mot chatouille votre amour-propre, mais à la condition que votre naturalisme s'applique à opérer les sélections nécessaires, à organiser la mise en scène, à supprimer d'un coup de pouce les détails importuns, à grouper les accessoires en vue de l'apothéose de l'objet principal : « Ce n'est rien de peindre, disait le paysagiste Corot, le tout c'est de s'asseoir... » c'est-à-dire de savoir découper dans un paysage un tableau.

Pas bête ! le père Corot, dont la boutade renferme toute une théorie artistique, et même littéraire, et même dramatique... Nous aussi, dans le paysage nous avons à découper le tableau, en rognant ce qui ne concourt pas à l'effet central. Centralisons ! dût le centre paraître grossi aux yeux de ceux dont l'attention s'éparpille familièrement sur les détails neutres de la réalité. Dessinons des types vigoureux et non de vagues silhouettes. Les types, qui semblent une déformation de la nature, ne sont que le triomphe de la nature surprise dans une attitude hardiment abandonnée, de la nature à qui l'on a dérobé l'aveu de sa suffisance légitime. Les plus humbles d'entre les hommes ont l'orgueil de leur profession, et font montre de leurs qualités, de leurs travers. Chacun exerce un sacerdoce ici-bas; chacun se casse l'encensoir sur le nez ou le nez sur l'encensoir; chacun harangue avec plus ou moins d'emphase les badauds attroupés autour de sa baraque; chacun pavoise en son honneur, chacun s'octroie à lui-même des fêtes dont il s'improvise l'impresario chargé d'applaudir à ses propres discours et d'allumer des lampions autour de son piédestal. Chacun célèbre en même temps que le futur centenaire de ses œuvres le cinquantenaire actuel de sa vanité et de sa bêtise... Et je vous réponds que le maëstro est au pupitre, et que la partition se joue à grand orchestre... Tsing! boum! boum!... et que l'auteur, s'essoufflant à crier *bis*, se décerne lui-même les bouquets exempts de violettes qu'il arrache d'avance au jugement de la postérité... De la modestie? allons donc! Littré a passé à côté de la vraie définition de l'homme, cet animal qui d'une branche fait un archet, et d'un singe tire un maëstro. Autant d'hommes, autant de musiciens! autant de singes, autant de maëstros!... Tsing! boum! boum! voilà les seuls éléments du langage universel, du volapück rêvé ! Tsing! boum! boum! C'est la même musique sur toute la ligne, sauf des variantes négligeables. L'orphéon humain comprend des pistons, des clarinettes, des grosses caisses, des mirlitons, des tambours de basque, des ocarinas, des castagnettes, des trompettes à coulisses, des cymbales, des galoubets, des accordéons, des mandolines, des bombardes, des ophicléides, des flûtes, des harpes éoliennes et même des flageolets: mais rien que des solistes. Tous artistes! Tsing!... Tous!... A moins que quelqu'un n'ait perdu son instrument. Et encore!... boum! boum! Du premier jusqu'au dernier tous artistes, tous!... Tsing! boum! boum! tsing!... C'est dans le sang, c'est dans la nature..... Don Quichotte et Sancho Pança, l'un avec son profil famélique, l'autre avec ses joues rabelaisiennes, sont également quoique diversement pétris de lyrisme et de fantaisie. C'est ce qui leur imprime un cachet si frappant de vérité. La postérité de Don Quichotte devient rare, mais celle de Sancho Pança se multiplie. En revanche Sancho Pança ne sera désormais bien compris que par Don Quichotte, par le Don Quichotte observateur qui prêtera sa fougue chevaleresque à l'hilarité ventripotente de Sancho Pança. Car il faut que la comédie ait l'enthousiasme de la gaieté. On prétend que la gaieté est en France la moitié de notre courage. Ayons donc la gaieté épique, et ne craignons pas de nous dégrader, fût-ce aux yeux de nos flegmatiques voisins d'Outre-Manche, en déchaînant ce rire fanfaron qui se souvient des croisades et qui se remémore les paladins, ce rire impétueux et martial qui monte à l'assaut ou qui charge à fond de train dans un noble accès de *furia francese!...*

.•.

Il est plus que temps de revenir à nos moutons... Mon cher Bertal, excusez-moi de vous avoir un peu oublié, et d'avoir abusé de la permission de monologuer. Il y a un bon quart d'heure que vous vous seriez endormi, si je n'étais persuadé que de votre côté vous vous livrez à un monologue artistique; deux personnes qui monologuent, c'est la forme la plus générale de la conversation... littéraire surtout. Pour moi, je me trouve très excusable de m'être laissé attirer par un sujet dont je ne soupçonnais d'abord pas l'étendue, et qui reculait traîtreusement ses limites à mesure que je m'engageais plus avant. Je ne vous aurai pas appris grand chose, mais je me serai peut-être instruit moi-même chemin faisant. Je n'avais jamais tant songé à Scarron, à Piron, à Destouches, etc... C'est vous dire combien ma préface est postérieure à mon livre, dont les piécettes pâlissent singulièrement à mes yeux depuis le pèlerinage que je viens d'accomplir à travers une série de chefs-d'œuvre. Mais qu'importe ? Je n'ai pas composé des pièces pour appliquer une théorie, ce qui serait de la prétention ; je n'ai pas non plus dégagé la théorie de mes propres pièces, ce qui serait de l'outrecuidance. Non ; j'ai accouché presque inconsciemment d'une préface, en cédant au besoin de dire carrément ce que je pense, et au plaisir de causer avec vous... Quant aux fantaisies lyrico-naturalistes (appelez les comme il vous plaira) que vous trouverez dans ce volume, j'en suis devenu père sans douleur et même sans fatigue, en bayant à la lune, en flânant sur le boulevard, en cueillant le rythme sur l'impériale d'un omnibus, en laissant flotter ma pensée à travers les nuages bleus qui s'envolent d'une cigarette nullement orientale... Ces fantaisies, dont certains détails vous paraîtront peut-être vécus et sentis, je les ai créées et mises au monde pour me distraire, pour échapper à la tyrannie des hommes et des choses, pour colorer le nuage des heures sombres, pour répandre un peu de lumière dans ma chambre, pour me serrer le ventre, pour me réchauffer les pieds, et me cuirasser contre le pessimisme... Béatrix joviales de mon rêve, à l'heure où elles naquirent, une étoile dansait dans le ciel... de mon imagination. Que valent ces bluettes, ces pochades?... Je souhaite simplement que le public et vous éprouviez à les lire la moitié du plaisir que j'ai éprouvé à les... barbouiller.

L. D.

Janvier 1883.

LA SURPRISE DE COCORNARD

PERSONNAGES :

COCORNARD.
ROSA, son épouse (personnage muet).
GÉDÉON FERNAMBOUC, ami de Cocornard.
OTHON RÉSINET, parent de Cocornard.
CAROLINE RÉSINET, femme d'Othon.
JEAN RILLAGE, ami de Cocornard.
CAMILLE RILLAGE, femme de Jean.
EMMA RILLAGE, leur fille.
CÉSAR CALDURÉE, médecin.
MATHURIN, domestique de Cocornard.
COMMISSAIRE, AGENTS DE POLICE.

———

La pièce se passe dans la chambre à coucher de Cocornard

LA SURPRISE DE COCORNARD

A Eugène Héros.

SCÈNE PREMIÈRE

COCORNARD seul. (Après avoir fermé à double tour l'armoire du fond et fait quelques signes en se tournant du côté de la porte, Cocornard arpente fiévreusement l'appartement. Il se retourne fréquemment en brandissant le poing du côté de l'armoire.)

COCORNARD

Misérables, pendards, larrons, vauriens, canailles !...
Reptiles dont les dents méritent des tenailles !...
Assassins, scélérats, quadrupèdes, bandits,
Bipèdes trois fois gueux et quatre fois maudits !
Gibier de Remington et perdreaux de potence !...
Gens de rien, gens de sac et de corde en partance
Pour le ciel de Cayenne et le gril de l'enfer !...

Chiens sur qui j'eusse dû braquer mon revolver,
Et dont j'aurais, pressant de l'index la détente,
Dû sécher dans le sein cette ivresse insultante
Qui me jaillit au front en salive de feu !
    (*S'arrêtant au milieu de l'appartement*)
O tonnerres de Brest, fils des foudres de Dieu,
Dont les couleuvres d'or lézardent la tempête,
Tombez donc à mes pieds, et grimpez sur ma tête
Pour en extraire ces ramures qui me font
Heurter stupidement les plâtres du plafond...
      (*Reprenant sa marche*)
Oui ces ramures... Car ma honte manifeste
Enjambe la fenêtre et prend la route agreste
Qui conduit aux forêts pleines d'ombre, et, pillant
Les arbres que l'oiseau jaseur et sautillant
Peuple d'hymnes moqueurs et de grêles murmures,
Me rapporte ces deux gigantesques ramures,
Et me sculpte la tête énorme d'un benêt
 ont les cornes au ciel suspendent le bonnêt...
    (*Il baisse la tête, puis avec un geste décidé*)
Or que m'importe qu'on se moque de mon crâne ?...
Que m'importe que tout, de l'homme jusqu'à l'âne,
Et des bonnes d'enfant jusqu'au dragon botté,
Du sacristain jusqu'à monsieur mon député,
Ricane en me montrant du doigt : « Ah ! le pauvre homme!
» Il en porte du bois, de ce beau bois qu'on nomme

» Bois de mari trompé, bois de mari... » Corbleu !
Je ne le cache pas, et je veux qu'en tout lieu
L'on m'admire. Je veux crier au vent qui passe,
Crier aux mille échos qui remplissent l'espace,
Hélant la vérité blottie au fond du puits :
« Je le suis ! je le suis ! je le suis ! je le suis !... »
Quel triomphe !...

    (Il se laisse tomber sur une chaise)

    Et pourtant je sens une blessure
A ma mamelle gauche ; et par cette fissure
Ma tendresse, fuyant mon faible cœur fêlé,
A suivi Dieu sait où mon honneur envolé...

    (Il se lève et reprend sa marche)

Ah ! croyez donc encore à la vertu des femmes !
Croyez donc que l'absence exalte dans ces âmes
Mécréantes le culte attendri d'un époux
Imbécile qui les adore à deux genoux !...
Ecoutez par pitié la chanson familière
De la charmeuse qui souhaite d'être lierre :
« O Jacques, que mon flanc dorme contre le tien... »
Jacques en s'écartant fait place à Sébastien...

    (S'arrêtant)

Et voilà comme, ayant précipité ma serre
Sur Sébastien, j'attends ici le commissaire
Qui doit venir signer ma honte au bord du lit...

5

Où la Justice peut constater le délit...
J'entends dans l'escalier les pas de la Justice...

SCÈNE II

Le Même, GÉDÉON FERNAMBOUC

GÉDÉON

Cocornard !

COCORNARD

  Toi !

GÉDÉON

    Parbleu ! faut-il qu'on t'avertisse,
Pour venir présenter au plus franc des amis
Les vœux que le retour de ta fête m'a mis
Dans la poitrine, et fait monter jusqu'à mes lèvres ?...

COCORNARD

C'est ma fête ?...

GÉDÉON

    Que Dieu chasse toutes les fièvres,
Tout nuage songeur, toute ombre de souci
Loin de ton front serein et candide !...

COCORNARD

      Merci !

GÉDÉON

Et que tous tes amis !... As-tu vu Caldurée ?...

COCORNARD

Qui ?...

GÉDÉON

Le nouveau docteur qui met la diarrhée
En déroute...

COCORNARD

César ?...

GÉDÉON

Ce cher Docteur-Bismuth,
Qui m'a fixé chez toi rendez-vous...

COCORNARD

Pas vu !

GÉDÉON

Zut !...
(*Retirant deux bouquets de la poche de sa redingote*)
Ce bouquet t'appartient... Et cet autre, moins sage,
Désire (tu permets?) s'agrafer au corsage
De ta femme...

COCORNARD, *d'un air contraint*

Ah !...

GÉDÉON

Quoi donc ?

COCORNARD

        Ami trop généreux !
De ma femme, as-tu dit, Gédéon ? Malheureux !
Qui parles de ma femme, et qui comptes me plaire
En invoquant un nom digne de la colère
D'un époux outragé qui savoure le miel
De son ressentiment moins doux qu'un triple fiel.

GÉDÉON

As-tu bientôt fini de mordre ta moustache,
Et vas-tu me montrer ton épouse ?...

COCORNARD

        Eh ! bien sache...

(*Montrant l'armoire*)
Qu'elle est là...

GÉDÉON

    Là ?... Dans cette armoire ?... Quoi ?... Rosa ?...
Destines-tu ta femme au Décroche-moi ça ?...
Rêve-t-elle parmi tes vieilles redingotes,
Tes flanelles et tes vénérables capotes ?...
Terre et ciel ! Depuis quand les rats et les souris
Sèment-ils dans tes bas de la poudre de riz ?...
Tu veux rire, mon cher, et jouer aux énigmes :
Or que vingt haut-le-cœur plus trente borborigmes
M'empestent l'estomac, si jamais un rébus
Mit ma tête à l'envers et tourna mon gibus !...

COCORNARD

Elle est là... Son corps nu dans la fange se vautre.

GÉDÉON

Peut-on entrer ?

COCORNARD

Non pas. Elle est avec un autre.

GÉDÉON

Tu m'inquiètes... Ça ! Cocornard, mon ami
Cocornard, hier soir aurais-tu mal dormi

COCORNARD

Oui, très mal : Cocornard voyageait.

GÉDÉON

A merveille !
Eh ! bien, repose-toi....

COCORNARD

Non, il faut que je veille,
Que je garde le seuil de ma maison, afin
Que personne ne sorte, et qu'un vil aigrefin
Subisse...

GÉDÉON

Explique-toi ; car je flaire un mystère.

COCORNARD

Soit !... Au fait, mon courroux ne tient pas à se taire.,.
Gédéon Fernambouc, tu m'aimes, n'est-ce pas ?...

GÉDÉON

Un ancien compagnon de débauche !...

COCORNARD

Plus bas !...

GÉDÉON

Je t'estime.

COCORNARD

Ta main... As-tu l'âme assez forte
Pour recevoir le coup ?

GÉDÉON

Quel coup ?

COCORNARD

Ferme la porte.
(*Gédéon va fermer la porte*)
Ecoute. Je bouclai ma malle l'autre jour,
Mon commerce exigeant que je fisse le tour
Du pays de la Sarthe et du pays du Maine...
Or je comptais rester absent une semaine...
Mais en route un oubli m'obligea de surseoir
A mon voyage. Donc je repris hier soir
Le chemin de Paris ; et comme l'aube blanche
S'habillait et passait son bras droit dans sa manche,
J'escaladais gaiement mon escalier...

GÉDÉON

Gaiement !
Polisson dont Rosa raffole impudemment...

COCORNARD

En quatre pas j'arrive à la porte et je cogne...
Porte close...

GÉDÉON

« Ouvre donc ! C'est moi, Rosa... »

COCORNARD

Je grogne,
Et mes sourds grognements se prolongent sans fruit.
Personne ne répond.

GÉDÉON, *inquiet*

Hum ! hum !

COCORNARD

J'entends du bruit...
J'entends (oh ! j'ai failli du coup devenir chauve)
De brefs chuchotements agiter mon alcôve...
Des gouttes de sueur me détrempent. Mon poing
Passe à travers la porte, et je surgis à point
Pour surprendre ma femme adjurant la patronne
Des cornards de m'offrir sa plus belle couronne,
Et pour cueillir au bord du nid un gai pinson
Dont j'avais par mégarde écourté la chanson...
Par Saint-Jacques ! monsieur, je vous tiens pour infâme,
Et vous tiens par la peau du derrière... Ma femme
Me dépêche un soufflet sur le nez. Je rougis,
Et lui rends sur le dos la monnaie... Oh ! vagis,

Hurle, miaule, mais tu vas me rendre compte
De la manière dont tu combines ma honte...
L'autre me tend un croc-en-jambe. Le plancher
Bourru me reçoit par un dur : va te coucher !...
Moi j'empoigne un mollet, je saisis une cuisse...
Le linge s'éparpille, et le combat esquisse
Un nuage laiteux où mon regard confus
Entrevoit des objets que je n'ai jamais vus...
Je me relève et la bataille s'accentue.
Clic !

GÉDÉON

Clac !

COCORNARD

Pif !

GÉDÉON

Paf !

COCORNARD

Empoche !

GÉDÉON

Attrape !

COCORNARD

Je te tue !

L'amant me coiffe d'un vaste bonnet de nuit,
Et saute dans l'armoire où ma femme le suit..
Cric !

GÉDÉON

Crac !

COCORNARD

A double tour... Sur ce, mon domestique
Est allé prévenir l'autorité publique :
Je tiens ma femme nue avec un homme nu.

GÉDÉON

Oh ! très ingénieux, quoique très ingénu !...

COCORNARD, *tournant en rond*

Et pendant ce temps-là je tourne, manivelle
Rivée au mouvement d'une ronde nouvelle.
Car je monte la garde, et j'attends...

GÉDÉON, *s'approchant amicalement de Cocornard*

Ça ! voyons :
Il faut te méfier d'hallucinations
Morbides...

COCORNARD

Pince-moi, pique-moi, si je rêve...
Plût au ciel !... Plût à Dieu !... qui près d'Adam mit Ève,
Et près de Cocornard un serpent féminin...

GÉDÉON

Mais la preuve qu'il mord ?

COCORNARD

C'est qu'il a du venin,
Dont mon honneur souillé...

5.

GÉDÉON

La preuve ?

COCORNARD (*saisissant sans l'arracher un bout de linge qui pend entre les deux battants de la porte de l'armoire*)

Tiens! regarde..
Le traître en s'arrachant m'a laissé par mégarde
Ce bout de linge ; et c'est le drapeau flétrissant
Où luit mon déshonneur qui réclame du sang.

GÉDÉON

Calme-toi.

COCORNARD

Ne crains rien. Plutôt que de me battre
Un contre un, je prétends tempêter comme quatre...
Certain que, dégoûté des éclairs superflus,
L'honneur sensé se paye et ne se lave plus.

GÉDÉON

Ton bras refuserait de brandir une épée ?...

COCORNARD

Veux-tu me travestir en héros d'épopée ?
Alors nomme-moi comte, arme-moi chevalier,
Sans lance, mais muni d'un double bouclier;
Empanache mon nom, pour qu'une particule
Me batte dans le dos si ma vertu recule
En songeant que l'acier peut entamer l'écu
D'un paladin jaloux de périr en cocu...

GÉDÉON

Tu réclames de l'or ?

COCORNARD.

Si mon rival est riche,

Je m'enrichis.

GÉDÉON

Sinon ?...

COCORNARD

Je déclare qu'il triche,
Et qu'on doit être né marquis ou suzerain
Pour semer en dehors de son propre terrain...

GÉDÉON

A propos, tu connais le nom de ta doublure ?

COCORNARD

Je n'ai pas même pu distinguer sa figure.

GÉDÉON

Quelle blague !...

COCORNARD

On voyait à peine quand j'entrai
Muet, tonitruant, rouge, blême, effaré...

GÉDÉON

Et tandis que vous vous colletiez ?

COCORNARD

La poussière
Mit un voile brumeux autour de ma paupière...
Que le flambeau de la Justice !...

SCÈNE III

Les Mêmes, OTHON et CAROLINE RÉSINET

CAROLINE, *gaiement*

Beau cousin,
Nous venons vous offrir un panier de raisin,
Pour votre fête.

COCORNARD, *ennuyé*

Bon!...

OTHON, *gaillardement*

Hier soir Caroline
Me disait en laissant tomber sa crinoline :
Il faut que nous allions le réveiller demain...

CAROLINE

Lui souhaiter sa fête...

OTHON

Et lui serrer la main...

CAROLINE

Et si nous lui portons quelques grappes vermeilles...

OTHON

Il nous débouchera quelques fines bouteilles...

CAROLINE

Qu'on viderait à sa santé...

OTHON

Soit !...

GÉDÉON

Qu'en dis-tu,
Cocornard ?...

OTHON

Que le ciel bénisse sa vertu,
Et celle de sa femme !...

CAROLINE

Oh ! mais quel air morose !...

COCORNARD

Ils me crispent...

OTHON

Où donc as-tu mis notre Rose ?

COCORNARD, *impatienté*

Au rancart !...

OTHON et CAROLINE

Hein ?...

GÉDÉON, *intervenant*

Pardon !... Elle vient de sortir
Mais va rentrer...

(*A Cocornard, bas*)

Tais-toi, ganache. Il faut mentir
Pour ne pas essuyer leurs larmes imbéciles.

COCORNARD, *bas*

Tu me demandes des mensonges difficiles,
Lorsque, pour m'acculer au fond d'un cul-de-sac,
Rosa me trompe sans consulter l'almanach...
  (*Haut*)
Et d'ailleurs !...

GÉDÉON

Contiens-toi, Cocornard...

CAROLINE

Dieu me dam ne
Je prouve à Cocornard qu'il en sait moins qu'un âne.

COCORNARD

Prouvez.

CAROLINE

J'ai parié deux sous qu'il ignorait
Ce que depuis deux jours tout le genre humain brait.

COCORNARD

Et quoi donc ?

OTHON

Apprenez le prochain mariage
De César Caldurée...

CAROLINE

Avec Emma Rillage.

GÉDÉON

Tiens ! tiens ! tiens ! le filou ne m'a pas averti.

OTHON

Ah ! c'est un beau garçon.

CAROLINE
Superbement bâti !
N'est-ce pas, Cocornard ?

COCORNARD
Vous savez que j'estime
Ce jeune homme.

OTHON
Parbleu !

COCORNARD
J'en ferais mon intime,
Si j'étais... veuf; et nous irions, duo fringant,
Imposer aux yeux bleus notre sceptre arrogant.

CAROLINE
Avez-vous remarqué son regard ?

COCORNARD
La franchise
Eclaire ses cils bruns...

CAROLINE, *enthousiasmée*
Qu'un rayon divinise...

COCORNARD
Pour moi je confierais à sa franche amitié
Et ma personne entière et même ma moitié.

OTHON

Une moitié fidèle...

CAROLINE, *en extase*

Idéal !...

COCORNARD

Ma cousine,
Vous rayonnez ainsi qu'un flambeau de résine...
Deux baisers, s'il vous plaît !...

OTHON

Un pour moi !...

COCORNARD

Brave Othon,
Ton nez fleurit toujours et rejoint ton menton.

OTHON

Pourquoi pas ?... Mon cerveau se moque de l'orage
Qui tourmente les monts, et des vents qui font rage
En fouettant le galop des flots tumultueux...
Je vis de bonne humeur et de spiritueux.
Je cultive ma vigne, et récolte une foule
De fruits en embrassant ma femme qui roucoule.

CAROLINE

Othon, embrasse-moi.

OTHON, *à Cocornard*

Si ma femme n'avait

Que l'âge dont Rosa parfume ton chevet,
Comme je rougirais d'une ivresse rêvée
Seulement !...

CAROLINE

Suis-je pas encor bien conservée ?

OTHON

Si fait !

CAROLINE, à *Cocornard*

Parlez, cousin. Suis-je pas ?...

COCORNARD

Comment donc ?...
Fraîche comme une pomme et droite comme un jonc.

CAROLINE, à *Gédéon*

Qu'en pensez-vous, monsieur ?

GÉDÉON

Mais que je voudrais être
Le jour à vos genoux et la nuit... votre maître.

CAROLINE, *confuse*

Oh ! monsieur, épargnez ma pudeur, épargnez
Mon époux interdit qui se gratte le nez.
   (*Montrant Cocornard*)
Épargnez mon cousin, dont la prunelle brille
Dès qu'une ombre ternit l'honneur de la famille.

OTHON

Rosa tarde beaucoup.

COCORNARD

Bast !

OTHON

　　　　　　　　A ta place, moi,
Je voudrais que mon front révélât quelque émoi.

COCORNARD

Des bêtises !...

GÉDÉON

Bien sûr !

COCORNARD

　　　　　　　　Qui donc ose prétendre
Que j'ai perdu ma femme ?...

CAROLINE

　　　　　　　　Une femme si tendre !...

COCORNARD

Quand je sais que Rosa ne se tient pas plus loin
De nous que vous et moi de l'horloger du coin,
Monsieur Joseph Tictac qui répare sa montre.

OTHON

Crois-tu ?

COCORNARD

Si vous alliez tous deux à sa rencontre ?

CAROLINE

Bien dit!... Monsieur Othon, suivez-moi.....
(Othon et Caroline sortent)

SCÈNE IV

Les Mêmes, RILLAGE, CAMILLE et EMMA

(Résinet et sa femme rentrent avec les nouveaux venus).

RILLAGE

Nous voilà !
Nous autres, voyageurs venus du fond de la.....

GÉDÉON

Provinciaux !...

CAMILLE

Bonjour, ceux de la Capitale !...

RILLAGE, *piqué*

Cocornard, Gédéon, si ma lande natale
Vous envoyait à plein visage ses parfums,
Vous n'auriez pas ces longs visages de défunts...

OTHON

Rillage, examinez les fils de la banlieue,
Et jugez d'après nous s'ils ont la lèvre bleue
Et le nez raccorni des cadavres vivants
Qu'un air ladre a sevrés de la rose des vents.

CAROLINE
Les senteurs des buissons et les herbes des sentes
Composent à loisir ces mines florissantes
Dont Othon et moi-même.....

RILLAGE
Ah ! mon bon Résinet,
Comment va la santé de ton vieux jardinet ?

OTHON
Fort bien !

RILLAGE
Et tes melons ?

OTHON
Encor mieux !

RILLAGE
Tes asperges ?

OTHON
A ravir !...

RILLAGE
Et ta femme ?...
(A Cocornard)
Or ça ! tu nous héberges,
Cocornard. Nous venons exprès du Morbihan
Déposer à tes pieds les vœux de l'Océan
(Offrant une poignée de varechs à Cocornard)
Et ces minces varechs, qui, chassant l'amertume
Dont le sel de la mer leur fait une coutume,
Désirent s'immiscer à ta fête.....

CAMILLE, *offrant à Cocornard un bouquet de bruyère*
                    En ce cas
Je donne la parole aux jolis avocats
Que je veux accrocher à votre boutonnière...
Un baiser en retour de ces brins de bruyère!...

             COCORNARD
Je préfère embrasser votre fille...

EMMA, *se dérobant, puis offrant à Cocornard un bouquet de genêt)*
                    Maman,
Qui dit que la vie est moins rose qu'un roman,
Mais que les genêts d'or fleurissent loin du Rhône,
M'invite à vous offrir ce bouquet assez jaune,
Symbole de candeur et de sérénité...

             OTHON, *étourdiment*
Qui convient aux maris frappés de cécité...

         COCORNARD, *se fâchant*
Que signifie ?...

              GÉDÉON
          Allons ! cette plaisanterie
Ne doit pas te fâcher.

                OTHON
              Cocornard, je te prie
De mieux apprécier un simple jeu de mots...

COCORNARD

Une insulte ?... Ai-je l'air d'avoir fait des marmots
Qui vont dire au premier lieutenant : « Petit père,
« Avec mon gros papa tu complètes la paire !... »
Qui donc m'ose prêter la mine d'un époux
Dont la tignasse a plus de cornes que de poux ?...

OTHON

Personne.

COCORNARD

   Je n'ai pas d'enfants : donc... Si l'on raille,
On n'a qu'à consulter mon ombre : la muraille
Me reproduit de pied en cap, sans qu'au sommet
De mon être grimace un fantasque plumet.....
Mon front qui fuit, plus plat que le front d'un caniche,
Ne songe nullement à froisser la corniche
Du Panthéon, au pied duquel l'asphalte bout...

OTHON

Tu peux passer sous l'Arc de Triomphe debout...

COCORNARD, *magnifiquement*

J'y passerais juché sur le siège d'un fiacre,
Sans écorner la pierre et gratter Saint-Jean-d'Acre...

RILLAGE

Sans éventrer Wagram...

COCORNARD
                Et couper Iéna
En y creusant le lit de la Bérésina...
GÉDÉON
Sans renverser d'un coup de bélier Ratisbonne
Au niveau des débris de la vieille Sorbonne.....
COCORNARD
Je puis passer, rêveur épris des noirs granits,
Sous le porche béant de Monsieur Saint-Denis,
Sans que mon imprudence amène des désastres
Par qui le Roi-Soleil aille cogner les astres,
Et me déclare un cerf plus vaniteux qu'un paon
Coiffé du chapiteau de Monsieur Montespan...
RILLAGE
Et qui te contredit ?
COCORNARD
                Trêve à la médisance !...
Je défends que Paris croie à l'insuffisance
De Cocornard, à qui Gédéon Fernambouc
Permet la barbe et non la coiffure d'un bouc.
GÉDÉON
Hé ! Cocornard, chacun te prise et te respecte.
COCORNARD
Soit ! mais j'écraserai la calomnie, insecte
Aux mille pattes qui mord ma femme aux sabots. .

CAMILLE

A propos, que devient Rosa ?...

COCORNARD

Cet à propos
En manque tout à fait... Comme si je m'occupe
D'étudier tous les mouvements de sa jupe !...
Dès qu'elle rentrera, vous pourrez l'embrasser.

RILLAGE

Tant pis pour elle ! Ami, nous allons t'annoncer
A toi d'abord...

CAMILLE

A vous...

RILLAGE

Que ma fille bénie
Obtient...

CAMILLE

Reçoit la main d'un homme de génie...

COCORNARD

Du docteur, je le sais, et veux féliciter
Mademoiselle, dont le sein doit palpiter
Près d'un si beau garçon, dont la prunelle est douce...

CAROLINE

A culbuter un cœur vaporeux sur la mousse.

RILLAGE, *à Emma.*

Palpites-tu ?

EMMA

Je suis les observations
Du docteur, qui défend les palpitations...

CAMILLE

Très bien ! ma fille ; sois modeste et pudibonde
Comme un fût dont le vin fera sauter la bonde
En provoquant un long soupir d'étonnement.

RILLAGE, *bas à Camille*

Il me semble que tu m'entr'ouvris autrement
Ta confiance.

CAMILLE, *bas à Rillage*

Et moi, je sens que votre audace
Laisse dans ma mémoire une très faible trace.

RILLAGE, *bas à Camille*

Ça ! m'insinuerez-vous que cette blonde enfant
N'atteste pas à tous mon pouvoir triomphant ?

CAMILLE, *bas à Rillage*

J'atteste que sans moi... J'affirme que j'envie
Celle qui doit lier les beaux jours de sa vie
Aux nuits d'un homme fier et doux comme un lion,
Capable de dompter toute rébellion,
Brutal et langoureux, bref complètement digne
De l'indiscrétion de ses feuilles de vigne...

(*A Emma*).

Enfant, bénis le ciel qui mit sur ton chemin
Une âme de velours prête à ganter ta main.

GÉDÉON

Nous direz-vous comment Dieu mit sur votre route
Ce beau prétendant qui vous ignorait sans doute,
Et que vous ignoriez peut-être?...

CAMILLE

      Un sel amer
N'imprègne pas en vain les ondes de la mer...

RILLAGE

Ce sel fortifiant attire vers la plage
Les muscles de tout sexe et les nerfs de tout âge
Désireux de frôler des âmes de démons
Sous l'écume des flots chargés de goëmons...

CAMILLE

Ainsi, l'été dernier, nous prenions en famille,
Emma, Jean, mon époux...

RILLAGE

    Et ma femme Camille...

CAMILLE

Nous prenions l'air et l'eau de l'Océan...

RILLAGE

      Les flots

Modulent quelquefois de magiques sanglots
Qui vous rendent sensible...

CAMILLE

                A la brise marine,
Quand la brise de l'Ouest vous creuse la narine.

RILLAGE

Quels sauts réjouissants!...

CAMILLE

                      Quels salubres ébats!...

RILLAGE

Au pied de la falaise où nous laissions nos bas...

CAROLINE

Et vos chemises...

CAMILLE

                Pour danser avec les vagues
Que les feux du soleil dotent de mille bagues...

RILLAGE

J'imitais savamment les phoques...

CAMILLE

                          J'avais soin
De jouer finement mon rôle de marsouin.
Mais ma fille... Or je dois vous dire qu'un jeune homme...

COCORNARD, *fredonnant*

« Je voudrais bien savoir... Et comment il se nomme... »

CAMILLE

Avait étudié l'heure de notre bain...

GÉDÉON

Charmante étude pour un ancien carabin !...

CAMILLE

Il se déshabillait près d'une roche grise :
Et sa mâle poitrine, et sa taille bien prise
Faisait bomber soudain un léger caleçon
Non loin de nous. Car il nageait comme un poisson...

CAROLINE

Un poisson amoureux dont les folles nageoires
Racontent au zéphyr d'agréables histoires...

CAMILLE

Et nous enveloppait dans un cercle où, confus,
Nous regardions flotter...

CAROLINE ET OTHON

Quoi?

CAMILLE

Ses cheveux touffus...
Lui nous considérait également. Son buste
Se relevait avec une élégance auguste
Lorsqu'Emma...

COCORNARD

Le pendard !...

RILLAGE, *écartant Emma*
N'écoute pas, Emma...

CAMILLE

Etalait librement, dans un panorama
Lumineux, les contours de quelque belle forme
Qui dit pour tout de bon : Attendez-moi sous l'orme!...

RILLAGE

Sous l'orme dont le bois rêve d'un ciel de lit!...

CAMILLE

L'orme qui protégea notre premier délit!...
(*Rillage et sa femme se rapprochent et s'embrassent amoureusement*)

EMMA

Peut-on rentrer?

RILLAGE

Attends.

CAMILLE, *se dégageant*
Ma fille est une blanche
Qui sait l'art de plonger et de faire la planche
Si gracieusement que le noble étranger...

COCORNARD

Que le jeune Apollon...

CAMILLE

Ne crut pas déroger,

6.

Lorsqu'un matin, Emma sortant de sa cabine,
Il vint lui présenter un rameau d'aubépine,
Et m'assurer que tous ses sens seraient ravis,
Si ma lèvre daignait lui susurrer : Beau-fils !...

CAROLINE

Idylle !

OTHON

Idylle !

GÉDÉON

Idylle azurée où l'ondine
A les frétillements badins d'une sardine !...

OTHON

Eglogue !

CAROLINE

Eglogue !

COCORNARD

Eglogue où la vieille Téthys
Sert de duègne aux amants qui se lorgnent gratis !...

OTHON

Notre jeune vainqueur...

COCORNARD

A qui je m'intéresse...

CAROLINE

Trahit tous ses devoirs.

GÉDÉON

On l'attend.

COCORNARD

Qu'il se presse !
Car je l'accuserais de manquer de sang chaud...

OTHON

A moins qu'on ne le garde en quelque affreux cachot
Pour avoir débauché quelque affreuse donzelle...

EMMA

Mon fiancé ?...

CAMILLE

Baissez les yeux, mademoiselle.

COCORNARD

Hé ! le gaillard m'a l'air moins morose qu'un if,
Et de force à donner de vrais coups de canif
Dans des contrats signés par un sage notaire
Dont la plume n'a pas pressenti l'adultère.

CAMILLE

Taisez-vous, Cocornard. Vos propos indécents
Avant la fin du mois me tourneraient les sangs.

RILLAGE, à *Emma*

Ecarte-toi, ma fille, et répète ton rôle
D'ingénue...

EMMA, *examinant le bout de linge suspendu entre les deux battants de l'armoire*

Oh! maman, viens donc voir... C'est très drôle...
Vois-tu sur ce morceau de linge ce C. C...?
Ce linge pourrait bien être à mon fiancé.

CAMILLE

Péronnelle !... Où lis-tu ?...

EMMA

Lis ces initiales,
Ce C. C. radieux, majuscules royales
Qui révèlent César, mon époux, mon futur,
Dont le cœur est si tendre, et le linge si pur!...

CAMILLE

Cocornard!

COCORNARD

Serviteur !

CAMILLE

Examinez ce linge.

COCORNARD

Eh ! bien, quoi?

CAMILLE

D'où vient-il?

COCORNARD

Des épaules d'un singe

Qui vous regarde, et qui voudrait au fond des bois
Mettre votre pudeur désarmée aux abois.

  CAMILLE, *donnant une gifle à Cocornard*

Insolent!... D'où vient-il ?

    COCORNARD

       Des sillons où la brise
Enseigne au lin qu'un jour il deviendra chemise.

  CAMILLE, *deuxième gifle*

Ganache!... D'où vient-il?

    COCORNARD

        Il vient... du bord de l'eau
Où des femmes l'ont fait plus blanc que le bouleau
En lui faisant subir de robustes lessives.

  CAMILLE, *troisième gifle*

Pour le coup!...

    COCORNARD

   Vous allez démolir mes gencives.

    CAMILLE

Ça! me soutiendrez-vous que ce chiffre?...

    COCORNARD

       Est le mien.

    CAMILLE

Ce C...?

####### COCORNARD

Dit : Cocornard.

####### CAMILLE

Et cet autre ?...

####### COCORNARD

N'a rien
Que méconnaisse ma famille... Mon bon oncle
S'appelait Charle avant de mourir d'un furoncle
Qui me constitua seul et triste héritier
D'un vieux paquet de linge et d'un sourire altier...

####### CAMILLE

C'est du linge très fin.

####### CAROLINE

Oui c'est de la batiste.

####### OTHON

Admirez ces dessins que le doigt d'un artiste
A délicatement brodés sur le tissu.

####### RILLAGE, *à Cocornard*

Vous avez hérité d'un oncle très cossu.

####### COCORNARD

Que le ciel ait son âme !

####### CAROLINE

Et vous son héritage !

CAMILLE

Augmentez-le.

COCORNARD. *Il arrache le bout de linge et, l'ayant déchiré en deux morceaux, offre un morceau à Emma et l'autre à sa mère. Celle-ci intercepte le morceau destiné à sa fille.*

Souffrez que je vous le partage...

OTHON, *à Caroline*

Ce brave Cocornard !...

CAROLINE, *à Othon*

M'a l'air un peu dadais...

SCÈNE V

Les Mêmes, un Domestique (MATHURIN)

MATHURIN

Monsieur le Commissaire était absent, mais dès...

CAMILLE, CAROLINE ET EMMA

Le Commissaire ?...

RILLAGE

Quoi ?

CAROLINE

Comme ce nom résonne
Méchamment!

OTHON

Qui de nous doit-on saisir?

GÉDÉON

Personne.

OTHON, *à Cocornard*]
Réponds : a-t-on commis un crime en ta maison?...

CAROLINE

Quelque crime où l'amour a tué la raison!...

EMMA

Un empoisonnement?

OTHON

Un meurtre?

CAROLINE

Un suicide,
Où le carbone a dû dégager de l'acide?...

RILLAGE

Parle, parle, tu nous laisses sur des charbons.

OTHON

La curiosité nous transforme en jambons.

CAROLINE

Soulagez-nous.

COCORNARD

L'on m'a...

OTHON

Tu pâlis...

RILLAGE

Anathème!

Son sang coule.

COCORNARD

L'on m'a...

CAROLINE

Voyez sa face blême...

OTHON, *prenant un flacon des mains de sa femme et le mettant sous le nez de Cocornard*

Tiens! respire...

COCORNARD

L'on m'a.....

(*Il éternue et se mouche longuement*)

Tout simplement volé.

OTHON

Ton secrétaire?

COCORNARD

Non.

RILLAGE

Le voleur t'a râflé

Quelques sacs de louis?

COCORNARD

Non, une bagatelle...

CAROLINE

Quelques pièces de drap?

CAMILLE

Deux mètres de dentelle?

COCORNARD

Bien moins

OTHON

Une bouteille?

CAROLINE

Un quartier de veau cuit?

COCORNARD

Pas même.

RILLAGE

Tes souliers?

COCORNARD

Peuh!

OTHON

Ton vase de nuit!

COCORNARD, *après une minute de réflexion*

Je vous soulagerai devant le commissaire...
En attendant mon pauvre estomac se resserre
Et crie à Cocornard : J'ai faim!

OTHON

J'ai faim.

COCORNARD

Mangeons.

CAROLINE

A table !

CAMILLE

L'air s'emplit d'un odeur de goujons
Qui suggère à ma bouche un besoin lamentable
De s'ouvrir aux plaisirs innocents de la table.

COCORNARD

Nous mangerons ici... Sers-nous donc, Mathurin...

SCÈNE VI

Les Mêmes. — Mathurin dispose la table et les couverts.
On s'installe.

MATHURIN

Monsieur, faut-il aussi servir le vin du Rhin ?

COCORNARD

Pour ma fête ?... Bien sûr ! Déployons nos serviettes !...
Amis, je vous promets un plat de mauviettes,
Et j'ordonne qu'on nous apporte deux gigots...

RILLAGE

Avec de l'ail...

CAMILLE

De l'ail parmi les haricots...

OTHON

Mais ta femme ?...

COCORNARD

Il n'est pas question de ma femme !

CAMILLE ET CAROLINE

Comment ?

COCORNARD

Elle voyage... Et je tiens pour infâme
Quiconque montrera son anneau conjugal
A travers les vapeurs de ce libre régal...
Holà ! buvons...

(*Mathurin verse à boire. Cocornard vide son verre d'un trait, et se fait administrer rasade sur rasade*)

Je sens une fièvre soudaine
Chanter la carmagnole...

(*Deuxième verre*)

et la faridondaine
Aux parois de mon cœur dont...

(*Troisième verre*)

les transports...

(*Quatrième verre*)
divins
Réclament pour trépied trente ou quarante vins...
(*Cinquième verre*)
Je bois... à mes amis...

TOUS

A Cocornard !

CAROLINE

A l'hôte !

OTHON

A l'ami dont la fête étourdissante !...

COCORNARD, *se levant*

Saute !
Saute, joyeux bouchon, saute, ô liège humecté
Par la pourpre mousseuse où luit notre santé...
Je bois à mes amis... Amis, laissez-moi boire,
Levant ce verre, ardent et clair comme un ciboire,
A la hauteur du front de bibi Cocornard,
A la prospérité de tout mari cornard...

(*Mouvement général*)

CAMILLE

Qu'est-ce à dire ?...

COCORNARD

De tout confrère en cocuage
Dont l'œil de vie sourit sans l'ombre d'un nuage,

Lorsqu'il sait que sa femme a, pour l'humilier,
Orné son casque des insignes du bélier !...

CAMILLE

Le toast devient choquant.

COCORNARD

      A tout grand philosophe
Dont l'honneur ne dépend nullement de l'étoffe
Dont sa compagne peut recouvrir son faux-cul !

CAMILLE

Assez !

COCORNARD

  Je bois à tout magnifique cocu
Qui le jour de sa fête inspectant ses pénates
Trouve un galant en train de défaire les nattes
De son ange fidèle et chaste, dont un tel
Peut piler les serments cimentés à l'autel !...
Je bois à Cocornard enfin, illustre type
De l'époux dont la chère épouse s'émancipe,
Déboutonnant le col des aimables railleurs
Prêts à cocufier celui qui trotte ailleurs !...

    (*Le commissaire paraît sur le seuil*)

Je bois à Cocornard, qui ne veut plus se taire
En voyant accourir le sacré ministère
Ravi de mettre un point final au concerto
De deux pinsons pinsés *flagrante delicto* !...

        (*Désordre général*)

SCÈNE VII

Les Mêmes, LE COMMISSAIRE accompagné de ses agents.

CAMILLE

Emma, retirons-nous promptement... Ce scandale
Ne convient pas aux cils baissés d'une vestale...
Eh ! bien, Jean, venez donc...

(Ils sortent)

OTHON

Caroline, suivez
La somme des trésors que votre âme a rêvés.

CAROLINE

Othon, ne pourrions-nous assister à la scène
Qui se prépare ?...

OTHON

Non. Toute image malsaine
Flétrit une âme vierge...

CAROLINE

Othon, depuis le temps
Que notre âme effeuilla les roses du printemps !...

OTHON

Tu crois que ce tableau fripon peut nous distraire
Sans nous faire de mal ?...

CAROLINE

Aucun mal... Au contraire !...
(*Ils restent. Rillage et sa femme reparaissent, sans Emma*)

CAMILLE

Oh ! du moment qu'Emma...

RILLAGE

Car pour nous...

CAMILLE

Vieux farceur !

RILLAGE

Pourtant, femme, ne crains-tu pas ton confesseur,
L'abbé Grognard, qui n'a pas toujours l'esprit large,
Et dont les deux sourcils gendarmés ?

CAMILLE

Je m'en charge.

SCÈNE VIII

Les Mêmes, puis CALDUREE.

COCORNARD

Voici donc le moment solennel... Ah ! du moins
Mon déshonneur pourra parler de ses témoins...
Venez, et que ce jour meuble votre mémoire.

Attendez, s'il vous plaît que j'ouvre cette armoire.
(*Il prend sa clef et ouvre l'armoire*)
Au nom de la loi, sors, impudique Phryné ;
Sors, et n'espère pas qu'un juge illuminé
Tombe ébloui devant ta poitrine d'albâtre.
Sors, te dis-je, allons ! sors, fais ton coup de théâtre...

CALDURÉE *sortant de l'armoire tout habillé*

A vos ordres, monsieur !

TOUS

Caldurée !...

GÉDÉON

Un ami !...

CAMILLE

Mon gendre !

CAROLINE

Le docteur !..

COCORNARD

Le plus loyal parmi
Ceux que j'ai rencontrés sur la terre !... Crapule !...

CALDURÉE

Halte-là !

COCORNARD

Vous avez pénétré sans scrupule
Dans mon intérieur, et pris pour égayer
Votre pipe les feux épars de mon foyer...

7.

CALDURÉE

Votre méprise...

COCORNARD

Hein?... Voyons votre complice,
Mon épouse.

CALDURÉE

Elle doit rester dans la coulisse,
Impatiente des erreurs du *statu quo*,
Cependant je vais résoudre un quiproquo.

COCORNARD

Quel quiproquo ?

CALDURÉE

L'erreur grossière où votre trouble...

COCORNARD

Quoi ! ma femme... Parbleu ! dites que j'ai vu double...

CALDURÉE

Qu'avez-vous donc surpris ?

COCORNARD

Un amant.

CALDURÉE, *avec solennité*

Un docteur.

COCORNARD

Soit ! un docteur dans un costume adulateur...

CALDURÉE

Expliquez,

COCORNARD

Essayez d'expliquer votre mise.

CALDURÉE

Ma religion veut que j'opère en chemise :
Une chemise qui descend jusqu'au talon
Préserve mon gilet, couvre mon pantalon,
Conformément aux vieux préceptes d'Esculape,
Sage antique à l'abri des colères du pape,
Conformément aux très authentiques avis
D'Hippocrate, que j'ai presque toujours suivis...
Je suis habillé.

COCORNARD

Tiens !

CALDURÉE

Pour compléter ma mise
Correcte, je n'ai fait qu'enlever ma chemise.

COCORNARD

Et ma femme ?...

CALDURÉE

A, devant votre ingénuité,
Drapé son innocence avec sa nudité.

COCORNARD

Pourtant,..

CALDURÉE

Prétendez-vous me chatouiller la rate,
En m'osant soutenir, au mépris d'Hippocrate,
Mon cher maître, que l'art discret d'un médecin
Progressiste confine à l'art d'un assassin
Malpropre, et qu'Esculape octroie à ses disciples
Le droit de supporter les boutades multiples
Des maussades clients qui ne comprennent point
Que la diète a pour objet leur embonpoint...

COCORNARD

Mais, docteur, remarquez...

CALDURÉE

Que l'outrage retombe
Sur votre face indigne, et sachez qu'en sa tombe
Hippocrate n'a nulle estime pour un fou
Qui lit dans le regard d'un médecin : Coucou !...
Oh ! traiter un docteur comme un récidiviste !...

COCORNARD, *troublé, au commissaire et à ses agents*

Messieurs, écartez-vous un instant de la piste.

CALDURÉE

Flétrir un docteur qui profite de son art
Pour soigner la moitié de monsieur Cocornard !...

COCORNARD

Elle était donc malade ?

CALDURÉE

                    Appelé par sa bonne,
Qui me vit cette nuit auprès de la Sorbonne,
J'accourus éclaircir un mystère...

COCORNARD

                              Un secret ?...
Venez tous.

CALDURÉE

          Cocornard, trouvez-vous quelque attrait
A la paternité ?

COCORNARD

          Pardieu ! faire renaître
Toutes les qualités sublimes de son être !...
O joie ! ô pleurs de joie ! ô doux ravissement
De dire : « J'ai sculpté mon petit monument...
» Que chacun me regarde, et que chacun contemple.
» Mon œuvre, en s'efforçant de suivre mon exemple,
» Avant de s'en aller rejoindre nos grands morts ! »
Un enfant !... être père ! O désir ! ô remords !...
Hélas ! en vain j'aspire aux voluptés viriles,
Tous mes vœux n'ont produit que des efforts stériles...

CALDURÉE

Et si le ciel propice à vos plus nobles vœux,
O souche d'héritiers et d'arrière-neveux,

Versait sur vos sillons sa fertile rosée
Et fécondait le sein de la terre embrasée ?

COCORNARD

O joie !... ô pleurs de joie !...

CALDURÉE

Eh ! bien, de fiers émois
Méditent d'éprouver votre cœur... Dans neuf mois
Cocornard sera père.

COCORNARD

Ah ! mon Dieu, je défaille...

RILLAGE

Comme un père en papier.

CAMILLE

Comme un père de paille...

COCORNARD, *congédiant le commissaire et ses agents qui se retirent un à un en haussant les épaules*

Messieurs, retirez-vous. Je regrette d'avoir
Egaré votre flair attentif au devoir...
   (*Avec exaltation*)
Père, père !... Ce mot bourdonne à mon oreille
Comme un hymne espagnol (musique de Corneille),
Que ma trompe d'Eustache explique à mon tympan...
Je me sens tressaillir et croître d'un empan...
Père ! père !..; Docteur, cette nouvelle idée

A mon front en travail ajoute une coudée.
Tout se dilate en moi. Mon cœur se fond en eau
Dans mon ventre qui va devenir un tonneau
Mystique où le trop-plein de mon âme déborde...
Soutenez-moi... Je veux qu'on rie et qu'on se torde
A ma fête... Rillage, allez vite chercher
Mademoiselle Emma.....
   (*Camille sort*)
    Nous pouvons débaucher
Votre fille. On n'est plus une pensionnaire
Sur le seuil de l'hymen, sacré nom d'un tonnerre !...
Docteur, pardonnez-moi mon étrange soupçon.

    CALDURÉE

Volontiers !... Que ceci vous serve de leçon :
Gardez-vous bien de vous fier à l'apparence,
Qui va jusqu'à jaunir un pantalon garance.

   COCORNARD, *aux amis*

Félicitez-moi donc.

    OTHON

  Cocornard, un héros
Vient de naître.

    CAROLINE

  Il a bu la moelle de vos os.

    COCORNARD

Me ressemblera-t-il, ce brave porte-lance ?

CALDURÉE

Je ne garantis pas très bien la ressemblance.

COCORNARD

Il n'importe, pourvu que mon portrait moral
Se reflète dans son sourire sidéral...

RILLAGE

Ce qui me plaît surtout, c'est que tout ça s'arrange.

GÉDÉON

Tout.

COCORNARD, *avec humeur*

Mais il ne s'est rien passé, puisque tout change
De tournure.

GÉDÉON

Il convient de clôre l'incident...

RILLAGE

Sans que personne songe à se montrer la dent.

COCORNARD

J'ai mal vu.

CALDURÉE

Voilà tout !

COCORNARD

Faut-il que je vernisse
Ma prunelle pour mieux éviter la jaunisse ?

CALDURÉE

Bast ! C'est un petit mal qui se guérit tout seul
Et ne taille jamais au malade un linceul...

COCORNARD

Et ma femme ?... Et Rosa ?... Pendant je babille,
Il importe pourtant que ma femme s'habille.

CALDURÉE

Tendez-lui ses habits avec un paravent
Qui sauve la blancheur de son beau torse, avant
Qu'elle ose se produire et braver la lumière.
(*On dispose un paravent devant l'armoire. Tout le monde
s'efforce de jeter un regard indiscret*)

COCORNARD

Au nom de la pudeur, quatre pas en arrière !...

SCÈNE IX

Les Mêmes, EMMA rentre avec sa mère.

EMMA

Mais quel erreur enfin ?

CAMILLE

Un gros malentendu
Où je n'ai rien saisi qui blesse la vertu...
Du reste on t'apprendra...

EMMA, *se trouvant en face de Caldurée*
Monsieur !...

CALDURÉE
Mademoiselle !...

EMMA
Votre grave retard accuse peu de zèle...

CALDURÉE
Pardon ! Mais je n'ai pu courir ici d'un trait.

CAMILLE
Il a dû louvoyer..

CALDURÉE
Et jouer du jarret...

COCORNARD, *intervenant*
Pour mon compte.

CALDURÉE
Chargé de régler les affaires
De monsieur Cocornard, j'ai traversé des sphères
D'où l'on ne peut sortir sans bavarder un brin
Avec les accidents imprévus du terrain...

CAMILLE, *prenant Caldurée à part*
Mon gendre, vous savez que l'ère des fredaines...
(*Montrant à Caldurée le bout de chemise qu'elle tient
de Cocornard*)
Combien vous en faut-il comme ça?...

CALDURÉE

       Trois douzaines...

CAMILLE

Je les ferai moi-même.

CALDURÉE

    A quel prix ?

CAMILLE

       Vingt soufflets
S'offriront à calmer votre ardeur...

CALDURÉE

       Gardez-les !...

RILLAGE, *à Cocornard qui écrit dans un coin*

Que fais-tu, Cocornard ?

COCORNARD

     J'envoie un télégramme
A la province.

GÉDÉON

  Bah !...

COCORNARD

     Qu'on m'apporte une rame
De papier... Lyon doit ce soir s'illuminer,
Et Bordeaux...

OTHON

   Revenons d'abord au déjeuner.

TOUS

A table !
*(On se met à table, Emma auprès de Gédéon qui depuis
quelques instants ne lui est pas indifférent)*

COCORNARD, *se levant*

Permettez que j'invite madame.

CAROLINE

Comment donc !... Mettez-y des formes...

CALDURÉE, *forçant Cocornard à se rasseoir*

Je réclame

Le droit de l'amener à mon bras sans retard,
En galant substitut de monsieur Cocornard...
*(La toile tombe pendant que Rosa se présente
amoureusement appuyée au bras de Caldurée)*

L'IVRESSE DE VICTOR

PERSONNAGES :

VICTOR (Massé), 6 ou 7 ans.
LE GRAND-PÈRE, meunier.

La scène se passe dans la campagne bretonne des environs de Lorient.

VICTOR MASSÉ

(Extrait du *Figaro*, 25 avril 1885.)

Ce compositeur si Français était né Breton. Il naquit à Lorient, « la ville au fleuve bleu », dans une modeste maison de la rue du Marché, à laquelle ses compatriotes ont donné son nom illustre, et où, dans un avenir prochain, se dressera sa statue (1).

Doué d'une mémoire prodigieuse, il aimait à rappeler les impressions de sa première enfance : celle-ci, entre autres, qui se reflètera plus tard dans son œuvre de musicien. Il avait trois ans à peine, lorsqu'un beau dimanche, par un gai soleil, son grand-père, un meunier, l'emmena faire une promenade à travers champs. En route, on rencontre des marins. On s'attable. Le vin coule. On met un verre aux mains du petit Victor :

(1) Cette statue, une des œuvres les plus inspirées d'Antonin Mercié, a été depuis inaugurée solennellement le 4 septembre 1887, à Lorient

— Dis: « J'en veux plein ! » lui souffle le grand-père.
— J'en veux plein! répète l'enfant.

Il en eut plein !... La « tournée » finie, le brave meunier, qui lui-même avait son compte, dut le prendre entre ses bras, où il s'endormit d'un sommeil de plomb... Il fallait entendre Massé raconter cette aventure enfantine:

— Ici, disait-il, il y a dans ma mémoire une légère lacune... Tout ce dont je me souviens, c'est de m'être éveillé perdu dans un champ d'épis, qui à mes yeux encore troubles, prenait des airs de forêt... Grand-père dormait, le gilet ouvert, le chapeau sur le visage... Je me mis à faire des bouquets de coquelicots... Nous ne rentrâmes que fort tard à la maison, où ma mère m'attendait dans les transes!... Ce fut ma première et dernière orgie!

Et tandis que le Maître parlait, j'entendais chanter à mes oreilles les mélodies délicieuses des *Saisons*, et ces adorables couplets du *Blé*, dont il ne faut peut-être pas chercher ailleurs l'origine.

La mer, au bord de laquelle il avait grandi, devait être la Muse favorite de Victor Massé. Gamin, il écoutait sa grande voix comme une symphonie mystérieuse, dont on retrouve l'écho lointain dans l'admirable chant des matelots de *Paul et Virginie* (1).

PARISIS.

(1) C'est de l'anecdote si joliment racontée par le chroniqueur du *Figaro* que j'ai tiré ma petite scène rimée. J'ai dû vieillir un peu le jeune Victor, qui à l'âge de trois ans, tout futur artiste et tout imprégné de cidre qu'il était, n'eût probablement point tenu le langage que je lui ai prêté. Les

partisans de l'exactitude littéraire ne m'en reprocheront pas moins d'avoir exagéré la précocité d'un maëstro en herbe qui s'est endormi dans les blés pour parler à son réveil comme un Joas qui a fréquenté Racine, voire même (*proh pudor!*) discrètement agité la sonnette de Théodore de Banville. J'oserai réclamer leur indulgence en faveur de la teinte réaliste dont j'ai badigeonné cette fantaisie. D'ailleurs j'ai voulu rendre un hommage très sincère à un compatriote français d'origine bretonne : un « pays » par conséquent. La chronique du *Figaro* me fournissait un thème piquant que j'ai médité en rêvant sur les rives verdoyantes du « fleuve bleu ». Que Parisis me pardonne de l'avoir modestement pillé en côtoyant les bords du Blavet. — L. D.

L'IVRESSE DE VICTOR

A Philippe Gille.

Un champ de blé au bord de la mer, dont les flots bleus miroitent dans le fond du décor. A droite un sentier étroit qui serpente entre les épis blonds et une haie d'aubépine. Le grand-père et le petit-fils suivent ce sentier. Le premier a l'allure incertaine d'un homme qui a bu.

VICTOR

Grand-père, par ici... Viens, viens par ici... Viens...
Tu marches de travers...

LE GRAND-PÈRE

C'est que je me souviens
D'avoir vidé là-bas plus de trente chopines...
C'est pourquoi mon habit s'accroche aux aubépines

Qui bordent le sentier sans rime ni raison...
Nous n'arriverons pas très tôt à la maison.

VICTOR

Grand-maman va gronder encore...

LE GRAND-PÈRE

       Ses colères
Sont justes : j'ai cent fois mérité les galères
Pour être au bourg resté chopiner si longtemps,
Ma farine vendue à beaux deniers comptants...
(*Il retire quelques pièces de monnaie de sa poche, les fait sauter dans sa main, puis les ramasse*)
Après ça, les amis veulent qu'on sache vivre...
Vivre pour boire...

VICTOR

    Grand-papa, vous êtes ivre.

LE GRAND-PÈRE

Peut-être bien !

VICTOR

   C'est un vilain péché.

LE GRAND-PÈRE

       Tu crois !

VICTOR

Un gros péché.

LE GRAND-PÈRE

   Que non !... C'est le péché des rois,..

Des anciens matelots...

VICTOR

Un péché dont s'offense
Dieu le Père.

LE GRAND-PÈRE

O candeur superbe de l'enfance !...
Enfant, retiens ceci : Dieu qui fit le bon vin
Pour les carmes dodus, fit le cidre divin
Pour le simple estomac des benoîts catholiques
A qui l'eau donnerait bêtement des coliques...
Aussi moi, qui me juge un honnête chrétien
Dont le large estomac jauge plus que le tien,
J'ai sans penser à mal chargé ma conscience
De flots de cidre,... pour éprouver ma vaillance,
Dont personne ne doute en ce canton, à moins
Qu'à nous deux nous n'ayons mal compté les témoins
De mes exploits.. de nos exploits. Car c'est ta faute...

VICTOR

Ma faute ?...

LE GRAND-PÈRE

Si j'ai bu comme un trou... de la côte...
Mais oui : tu flattais mon penchant pour la boisson,
Répétant (ô pendard! flibustier!... polisson!)
Avec ta voix mutine et ton rire sonore :
« Grand-père, mais bois donc... Ah ! verse, verse encore...

Et tu me reprochais de ne pas boire... Non !
Pour vingt coups de garcette ou cent coups de canon
Jamais je n'aurais pu supporter cette injure...
De quelque autre, sans lui jeter à la figure
Mon verre... où tu trempais ta lèvre effrontément...
Ose donc soutenir au grand-papa qu'il ment !...

VICTOR

Tu mens.

LE GRAND-PÈRE

Je mens, coquin ! Ton audace m'étonne ;
Et si je n'étais pas aussi rond qu'une tonne,
Je voudrais te prouver..., précoce chenapan...,
A la barbe des flots... que le cap Matapan...
Lorsque on est en joyeuse et docte compagnie,
Le moyen de prouver qu'on a quelque génie,
C'est de ne pas chanter sans boire, la boisson
Aidant à digérér sainement la chanson...
Je digère... D'ailleurs, entre nous, hé ! compère, —
Car tous deux nous formons une vaillante paire, —
Je ne dédaigne pas quelques braves glouglous
Qui n'ont rien à débattre avec les gabelous...
Aussi... Donc... Ah ! ça mais, qu'est-ce que je raconte ?..
La houle... Hé ! moutard, soutiens-moi : j'ai mon compte.
(Il s'étale au milieu des blés)
Tiens ! je trouve mon lit... Tant mieux ! car j'ai sommeil...

Bonsoir, la compagnie !... Eteignez... le soleil...
(*Il s'endort. Victor le contemple d'un œil mélancolique*)

VICTOR

Et maman qui prétend que la terre est malsaine
Pour dormir ! Si maman nous trouvait, quelle scène !...
Mesdames et messieurs, c'est un bien grand malheur
Que les pommiers chez nous ne restent pas en fleur
Toute l'année : ainsi nul électeur, nul homme
Ne pourrait se noyer dans le jus de la pomme...
On ne s'enivrerait que d'eau claire... et d'amour,
Comme dit grand-papa... Tiens ! voilà qu'à mon tour...
Est-ce que j'aurais trop rempli mon petit tube,
Mon ?... mon ?... Qu'est-ce que j'ai ?... Ça tourne... Je titube :
Je suis, je suis... perdu... J'ai des bourdonnements
D'oreille... L'on dirait dans l'air des instruments
Qui chantent... L'on dirait la cloche du dimanche
Qui tinte,... quelque oiseau gazouillant sur la branche...
Oh ! comme c'est joli !... J'écoute... Quel bonheur !...
Encor ! toujours !... Ce sont les anges du Seigneur
Qui se sont assemblés là-bas près du rivage...
(*Depuis quelques instants une musique d'abord très vague,
puis plus accentuée, se fait entendre, esquissant comme
une ébauche anticipée de deux ou trois motifs célèbres
du répertoire de V. Massé, Pendant ce temps Victor
agenouillé, écoute dans l'extase... Peu à peu la musique
va decrescendo... La musique cesse. Victor se relève.*)

La musique se tait... C'est fini... Quel dommage !...
Ah ! si grand-père avait entendu !... Mais il dort,
Et ne grouille pas plus que s'il était mort... Mort !
En ce cas, je devrais l'arroser de mes larmes,
Et veiller sa dépouille en faisant : Portez armes !
Or je manque à la fois de larmes... et de pleurs.
En attendant je vais l'enterrer sous les fleurs...
(*Il cueille parmi les blés des bleuets et des coquelicots, dont il jonche la figure et les épaules de son grand-père*)
Là ! voilà !... C'est parfait... Et puis s'il se réveille,
Il va se prendre pour une grosse corbeille...
Tiens ! il ronfle et très fort même... comme un soufflet
De forge. Assez ! assez ! grand père, c'est très laid...
(*Saisissant un épi dont il approche les barbes du nez du dormeur*)
Attention ! Je vais lui piquer la narine...
(*Le dormeur se réveille en sursaut et se dresse sur son séant*)

LE GRAND-PÈRE

Au secours ! au secours !... à l'aide !... On m'assassine...
Les sauvages !... A moi !... Les Pieds-Noirs !... Les Zoulou
Je tombe sous les crocs d'une bande de loups...
(*Regardant autour de lui*)
Où suis-je ?... Devant moi la brise creuse l'onde
Dont la crête se courbe et s'incline, plus blonde...

Blonde ! blonde ! la mer... Ah ! tous mes sens troublés...
Blonde ! blonde ! la mer... plus blonde que les blés !...
Où suis-je ?...

VICTOR

Dans un champ.

LE GRAND-PÈRE

Pas possible !... Je nie
Que je vienne d'ailleurs que de la Virginie...
Ou de l'île Bourbon... ou de Madagascar...
Enfin du Nouveau-Monde, ou bien de l'autre... Car
La grande-tasse a dû me verser tant à boire
Qu'un brouillard épaissit le ciel de ma mémoire...

VICTOR

Pourtant le soleil brille et rend le ciel joyeux...

LE GRAND-PÈRE

On le dirait... Attends qu'en me frottant les yeux
J'écarte les vapeurs qui brouillent mes idées...
Ah ! oui, je me souviens... Nous tirions des bordées
Sur un vaisseau chargé de farine, un vieux brick
Dont les agrès aux coups de vent répliquaient : cric !...
Sa poupe répondant au nom de la Clorinde...
Ou du saint... Saint-Gérand. Et nous allions vers l'Inde,
Puisque tout bon marin parti de Lorient...

VICTOR

Doit en quittant le port cingler vers l'Orient...

LE GRAND-PÈRE

Bravo ! petit... Or donc mon navire était ivre :
Et nous ayant saisis dans sa gueule de cuivre,
Sans égard pour nos mâts hautains et nos sabords,
Le vent nous rejeta, haletants, sur des bords
Étranges, inconnus, et moins plats qu'une sole...

VICTOR

Vous aviez donc perdu, grand-père la boussole ?

LE GRAND-PÈRE

J'étais perdu... J'étais tout seul dans les grands bois,
Parmi les bananiers,... ou les cactus, je crois...

VICTOR

Que faisiez-vous avec les bêtes ?

LE GRAND-PÈRE

       Tu plaisantes !...
Pendant que je craignais les bêtes malfaisantes,
Les boas, les serpents à sonnettes, un chant
Très doux, un chant réglé par un accord touchant,
Un chant mystérieux...

VICTOR

    Grand-père, tu divagues..

LE GRAND-PÈRE

Un chant plus cadencé que la chanson des vagues
Babillant sous l'archet qu'on appelle le vent,
Caressa mon oreille... O rêve décevant !

J'entendis au sommet d'un arbre le murmure
D'innombrables oiseaux venus sur la ramure
Flexible étudier ensemble les concerts
Que leur gosier répand ensuite par les airs...
Tout à coup il se fit un silence, une pause
Comme lorsque l'orchestre à dessein se repose...
Et puis un frêle oiseau qui semblait se cacher
Sous les branches, bien qu'on lui dit de se percher
Sur la cime de l'arbre, égrena dans la brise
Des notes, des soupirs célestes... Et, surprise
Par ces trilles perlés qui montaient vers les cieux,
La forêt écouta l'oiseau délicieux
Dont j'essayais en vain d'observer le plumage :
Je ne le voyais pas ; j'entendais son ramage
Invisible courir sous le dôme des bois,
Comme un soupir exquis de flûte ou de haubois, —
Tandis qu'autour de lui, suspendant aux lianes
Leur gentillesse et leur gravité quadrumanes,
Les singes l'écoutaient respectueusement...

VICTOR

Sans tousser ?

LE GRAND-PÈRE

Sans risquer le moindre éternuement.

VICTOR

Crois-tu qu'un singe tousse et qu'un singe éternue ?

LE GRAND-PÈRE

Les hommes le font bien.

VICTOR

    Admettons !... Continue.

LE GRAND-PÈRE

Et j'entendais aussi dans les groupes divers
De bavards accrochés autour des rameaux verts
Circuler des bravos qui volaient par centaines
Vers celui dont le chant plus pur que les fontaines
Grisait l'azur baigné de gouttelettes d'or...
Tous les oiseaux charmés chantaient : Gloire à Victor !...

VICTOR

Victor !... Tiens ! c'est mon nom. Victor !... Quelle folie
S'empare des oiseaux dont ta tête est remplie ?...

LE GRAND-PÈRE

Je n'y comprenais rien... Pourtant il me semblait
Que la voix du petit musicien tremblait
Un peu comme la tienne, enfant, quand ta prière
Monte vers Dieu qui fit les flots et la lumière...

VICTOR

Taisez-vous, vieux païen !

LE GRAND-PÈRE

      Mais je t'assure, enfant,
Que les oiseaux chantaient ton nom, qui triomphant,
Dominait le concert de toute la Nature...

VICTOR
Est-ce que les oiseaux aiment la confiture ?
LE GRAND-PÈRE
Pourquoi ?
VICTOR
Parce qu'alors je voudrais être oiseau,
Et chanter en pliant la tige d'un roseau.
LE GRAND-PÈRE
Le régal des oiseaux, c'est le vent frais...
VICTOR
Grand-père,
Réveillez-vous ! Car vous dormez... Je désespère
De vous persuader que de l'île Bourbon
Il vous faut revenir,... sans mouiller au Gabon...
Car la raison, grand-père, il faut que tu le saches,
S'équilibre bien mieux sur le plancher des vaches...
Regarde les troupeaux tondre l'herbe du pré.
LE GRAND-PÈRE
O mon gaillard d'arrière, ô mon mât de beaupré,
Abordons... Je reviens traînant sur mon épaule
Des algues, des varechs...
VICTOR
Pas du tout !
LE GRAND-PÈRE
Tiens ! c'est drôle ;

Je me croyais couvert d'algues et de cocos ;
Or ce sont des bleuets et des coquelicots
Qui tapissent mon corps... Je deviens une serre,
Un jardin ambulant... Monsieur le commissaire,
N'abattez pas sur moi le grappin. Tout mon sang
Atteste mon honneur. Je suis très innocent...
Je tiens à ma vertu comme un lougre à son câble :
Donc je n'ai rien volé...

VICTOR

Non, c'est moi le coupable.
Pendant que vous dormiez, je me suis amusé,
Vous croyant mort...

LE GRAND-PÈRE

Moi dont le pif couperosé
Se porte plus gaiement que l'éclat d'une bombe?...

VICTOR

J'ai cru devoir joncher de bleuets votre tombe,
Et faire vos derniers rêves illuminés
Par les coquelicots semés sur votre nez.

LE GRAND-PÈRE

Alors, vrai, j'ai dormi?

VICTOR

Vrai !

LE GRAND-PÈRE

J'ai rêvé?

VICTOR

        Sans doute !
Le cidre...
 LE GRAND-PÈRE, *complètement dégrisé et se rappelant*
      brusquement
   Sacré nom !... Je me souviens... En route !...
Quelle frasque !... J'y suis... O tonnerre de Brest !...
Filons vite, petit, et jetons notre lest...
Nous sommes trop restés à l'ancre... Camarade,
Nous allons payer cher ce fragment d'algarade...
Eh ! bien que fais-tu là ? lambin : dépêche-toi.
Toutes voiles dehors !... Il vente...
(*Victor reste immobile, les yeux fixés sur l'horizon illu-*
 miné par les feux du soleil qui se couche empourprant
 les flots de la mer)

      VICTOR

        Oh ! laissez-moi,
Grand-père, contempler un moment l'incendie
Qui s'allume là-bas... C'est une comédie.
Pas vrai ? que le soleil joue en brûlant les flots
Qui miroitent gaiement autour des noirs îlots
Plus rouges que le feu qui pétille dans l'âtre.
Rappelle-toi qu'un soir nous fûmes au théâtre
Tous les deux, en cachette... Oh ! comme c'était beau !...
 (*Le grand-père cherche à emmener le petit-fils qui se*
  dérobe. Ce jeu de scène se reproduit plusieurs fois)

LE GRAND-PÈRE

Tu radotes!... Vas-tu venir?...

VICTOR

      Un grand flambeau
Fouillait de sa clarté tous les coins de la salle;
Et la scène brillait... « Que le décor est sale! »
Bougonnaient ceux d'en bas. Nous autres, dégourdis,
Nous étions... Quel bonheur que d'être au paradis!...
Et que de regarder la pièce!...

LE GRAND-PÈRE

      Vilain drôle,
Viens-tu?

VICTOR

   Chacun savait parfaitement son rôle...
On entendait le trou du souffleur... Dans le fond
Tout à coup se dressait une flamme... Que font
Les pompiers quand le feu s'allume dans la pièce?...

LE GRAND-PÈRE

Ils pleurent... Tu n'as pas pitié de ma vieillesse!...

VICTOR

Ils pleurent sur le feu pour l'éteindre?...

LE GRAND-PÈRE

        Viens-tu?

VICTOR
Ah! le théâtre!...

LE GRAND-PÈRE
Viens, ou tu seras battu,...
Ainsi que moi.

VICTOR
Comment s'y prend-on, dis, pour faire
Du théâtre, comment ?...

LE GRAND-PÈRE
Ça n'est pas mon affaire.

VICTOR
Je voudrais être un chant de flûte, un rossignol
Dont l'âme gazouillât dans l'air et prît son vol
Quand les doigts ont pincé les cordes de la lyre,
Un souffle harmonieux qui, donnant le délire
A la foule, lui fît battre, battre des mains,
Un esprit qui sonnât des cantiques humains,
Et qui pût déchaîner, commandant aux tempêtes,
L'orage des tambours, des fifres, des trompettes...
Grand-père, enseigne-moi...

LE GRAND-PÈRE
Je suis très peu savant.

VICTOR
Apprends-moi ce qu'on met dans l'orchestre.

LE GRAND-PÈRE, *de mauvaise humeur*
                            Du vent !

VICTOR

Et le vent que fait-il pour ?...

LE GRAND-PÈRE
                C'est de la physique.

VICTOR

Du vent !... Mais oui, la brise est pleine de musique...
Du vent !... Et c'est, pour sûr ! une belle chanson
Que tous les vents du ciel chantant à l'unisson,
A la manière d'un orchestre...

LE GRAND-PÈRE
                    Tu divagues
A ton tour, mon petit bonhomme.

VICTOR
                        Mais les vagues
Savent aussi parfois murmurer des refrains
Plus jolis que l'effet du cuivre et des crincrins...

LE GRAND-PÈRE

Il est ivre !... Ah ! le cidre !... Un polisson qui tète
Presque encore... Et déjà ça se monte la tête,
A cet âge !... Monsieur, votre vocation
Devance de beaucoup votre profession...
Après ça menez donc les enfants dans le monde !...

Victor, monsieur Victor, faut-il que je vous gronde
Très sérieusement?... Voyez-moi, s'il vous plaît,
Ce coquin-là... Monsieur veut-il un chapelet
Pour tomber à genoux, un *Pater* à la bouche,
Devant ces feux d'enfer du soleil qui se couche?...
(*Victor contraint son grand-père à admirer le panorama
de la rade. Le soleil baisse de plus en plus*)

VICTOR

Regardez, regardez du côté de Larmor :
Les rocs étincelants ont l'air de châteaux d'or
Construits par la baguette ardente d'une fée
Qui met ses diamants, et guette l'arrivée
De quelque prince...

LE GRAND-PÈRE

        Bon! des contes à présent...
Casse-toi le museau, soleil, contre un brisant...
(*Le soleil a disparu. Les premières étoiles se lèvent. Victor
s'exalte peu à peu*)

VICTOR

Le soleil s'est éteint, échoué sur la grève...
Là-haut j'aperçois une étoile qui se lève,
Et qui scintille au bord du ciel pâle et changeant.
On dirait une perle, une larme d'argent
Qui me sourit,... qui veut descendre sur ma lèvre...
Blanche étoile, descends!...

LE GRAND-PÈRE, *lui saisissant le poignet*

    Son pouls marque la fièvre

VICTOR

Descends !...

LE GRAND-PÈRE

  Si tu grimpais vers elle, tu l'aurais
Plus vite... Tiens, voilà la lune tout exprès :
Sieds-toi dessus, et monte...

VICTOR, *dans l'extase*

    Etoile, que ta flamme
Descende en rayonnant jusqu'au fond de mon âme !
Descends, descends !... Encore ! encore !... Descends, viens,
Approche : la voici... Je la sens, je la tiens,
Je la possède... Sa lumière me pénètre...
Quel éblouissement !.. Qu'est-ce donc qui va naître
Dans mon cœur ?... Est-ce un Dieu qui m'agite ?... Est-ce mon ?..

LE GRAND-PÈRE

Si je croyais à Dieu, j'aurais peur du démon...
J'ai grand peur de ma femme, et tremble jusqu'aux moelles.

VICTOR, *saisissant la main de son grand-père, et d'un ton enthousiaste*

Partons !... Car dans mon cœur j'emporte les étoiles...

LE GRAND-PÈRE

Les étoiles, c'est très gentil et c'est très doux,...

Mais comme nous rentrons très tard, malheur à nous!
Ta grand'mère, qui n'a pas l'humeur pacifique,
Va nous faire danser...

    VICTOR, *avec un geste décidé*
      En avant la musique!...

MONOLOGUES

SANS ILLUSTRATIONS

DEUX PAIRES DE CHAUSSURES

A Jean Le Fustec.

La scène se passe à Paris, à la porte d'une chambre d'hôtel garni située sur le palier, au troisième. — Dix heures du matin.

JEANNETTE. Sa voilette relevée, son manchon roulant sur le parquet, elle rejette avec fureur une paire de bottines qu'elle tenait à la main.

Ah ! mais non... Ah ! mais non... C'est trop fort ! c'est...
[J'étouffe !...
(*Elle ouvre la fenêtre du couloir*)
Hier soir, mon mari, Monsieur Jules Mystouphe,
Conseiller munici...
(*Elle éternue*)
municipal dont Creil

Se vanté de n'avoir point connu le pareil,
Et qui depuis huit mois me possède... Ah ! j'étouffe...
(*Elle ferme la fenêtre*)
Hier soir, mon mari, Monsieur Jules Mystouphe,
Vient me dire: « Je pars pour Paris. — Avec moi ?
— Impossible : je pars... — Seul ? — Tout seul. — Ah! pourquoi ?
— Parce que... le devoir m'ordonne de me taire.
— Un secret ? — Un secret. — Un mystère ? — Un mystère.
— C'est bien ! Monsieur, c'est bien ! vous êtes libre : allez...
— Jeannette, ne prends pas de ces airs désolés
Qui m'affligent, et qui chiffonnent ton visage.
Je t'aime : loin de toi je ne puis... qu'être sage.
— Hé ! Monsieur, ravalez ces propos indécents
Qui voudraient m'abuser... — Mais puisque je descend
A l'*Hôtel des Maris fidèles*, c'est la preuve
Que je ne songe point à te faire... ma veuve.
Au revoir ! — Adieu ! dis-je avec la larme à l'œil :
Je vais me commander une robe de deuil...
— En velours fauve ? — Assez ! Monsieur. — En satin rose ?
— Je ne vous connais plus. — Quelle métamorphose !...
Nous nous remarierons ? — Jamais ! — A mon retour
De Paris... A propos je n'y reste qu'un jour.
— C'est deux de trop. — Pardon !... tiens ! je signe ma grâce
Sur ta joue... Un baiser ! » Le pendard ! il m'embrasse,
De force... Je proteste... Il est déjà parti...
(*Elle ouvre la fenêtre*)

Et moi, je reste ! Et dans mon cœur anéanti
Je digère ma honte avec ma solitude...
Bon voyage ! Monsieur prend toute latitude ;
Il court la pretentaine, et me laisse gémir
Sous le toit conjugal où je n'ai... qu'à dormir...
Dormir ! rêver, peut-être !... Ah ! quel rêve stupide
Obséda mon chevet, jusqu'à l'heure limpide
Où l'aube claire vint nettoyer mes carreaux !
J'ai vu Jules coiffé des lauriers d'un héros
Pour qui la passion pétille au fond d'un verre...

      (Elle ferme la fenêtre)

Je l'ai vu, cette nuit, cet époux peu sévère,
Non pas comme autrefois, discret, timide, tel
Qu'en ce beau jour où la main droite sur l'autel,
La gauche sur son cœur et les yeux dans la nue,
Il m'avoua les feux dont son âme ingénue
Chatouillait les transports d'une chaste amitié...
Alors il m'appelait son tout, son... sa moitié !
Cette nuit, je l'ai vu, cet époux sans vergogne,
Le pif enluminé par le vin de Bourgogne,
Sortir d'un cabaret nocturne en tournoyant...
Il s'approcha de moi qui dormais, effeuillant
Sur ma couche un bouquet dont une... une cocotte
Quelconque avait eu soin d'orner sa redingote,
Et me dit : « Hé ! Jeannette, aspire le parfum
De ces fleurs, dont l'éclat me semble moins commun

Que celui des rosiers qui tapissent ta serre !
Savoure ce cadeau, qu'un mari très sincère
T'apporte de la part de certaine Flora
Dont j'ai fait la... remarque au bal de l'Opéra !...
Hé ! Jeannette, c'est trop dormir, petite souche :
Réveille-toi ! voici mes lèvres sur ta bouche... »
A ces mots vers mon lit il parut se baisser,
Arrondissant ses bras comme pour m'enlacer.
Moi je criais : « Maman ! » et je geignais : « Ma mère !... »
Mais maman m'a lancé cette réplique amère :
« Ton père me trompa, — bien qu'il fut sous-préfet !
« Jeannette, ton mari te trompe : c'est bien fait !... »

       (*Elle ouvre la fenêtre*)

Sitôt que le soleil s'avisa de renaître,
Et que le jour colla son nez à ma fenêtre,
Je me levai... Je mis ma robe, mon chapeau,
Ma tournure, mon nœud rouge, mes gants de peau ;
Puis, en route ! Je file à la gare, et prends place
Dans le train de Paris... express... première classe ..
Je débarque. Je cours à l'*Hôtel des Maris
Fidèles*, — que je sus dénicher dans Paris,
Bien qu'il ne porte point une enseigne... héraldique ; —
Je demande Monsieur Mystouphe. L'on m'indique
Sa chambre et le chemin : au fond, par l'escalier
De droite, numéro vingt-deux, sur le palier,

Au troisième... Je vole, et dévore l'espace;
Je m'essouffle à grimper, je glisse, me ramasse;
Mon cœur bat... Je respire à peine... M'y voici !
Je m'élance, et je trouve à la porte...
 (*Elle saisit les deux paires de chaussures qui traînent
   devant la porte*)
         Ceci !
Deux paires de souliers...
    (*Montrant la paire de bottines*)
      dont une de bottines !
 (*Soupesant les souliers de son mari qu'elle laisse
   retomber ensuite*)
Les souliers sont à lui...
    (*Agitant la paire de bottines*)
      Mais ces bottes mutines
Par qui de gros orteils seraient estropiés
Disent insolemment que deux tout petits pieds
Dorment dans cette chambre, ayant suivi la trace
De mon perfide époux, qui leur livre... ma place...
  (*Elle laisse tomber la paire de bottines*)
Ah ! traître, scélérat, impudique, bandit !
En te voyant partir hier, je m'étais dit:
« Il me trompe !... »
   (*Elle tire son mouchoir et pleure*)
     J'avais flairé le stratagème.
Car tu sais conjuguer parfois le verbe : j'aime !

Sans que je participe à la conjugaison.
Tu laisses pour cela Jeannette à la maison...
(*Elle s'essuie les yeux et enfonce brusquement son mouchoir dans sa poche. Puis elle s'occupe à retirer ses gants*)
C'est très simple! Parbleu! la recette est facile
Pour les maris... Quant à ta femme, l'imbécile!
Quelle mouche la pique?... Elle ose réclamer
Que tu l'aimes, que tu t'occupes de l'aimer?
Je suis ta légitime!... Il faut qu'une maîtresse
Ouvre des débouchés libres à ta tendresse...
De quel droit m'opposer à tes déportements,
Et constater sur mes tablettes que tu mens
Quand tu jures?... Pourquoi me jurer des bêtises?
Tu m'adores!... Ah! bah? Je sais que tu courtises
Les filles et le vin, pour secouer un peu
La somnolence qui monte du pot-au-feu,
Et que ton cœur s'applique à remuer sa braise
Pour s'alléger du poids futur d'un ventre obèse...
(Elle remet ses gants)
Je comprends qu'hier soir ton esprit exalté
Par les figures d'un ballet décolleté
Ou par les gais fredons d'une vive opérette
Ait voulu s'octroyer ce luxe: une amourette...
A merveille! Tu t'es offert, beau chevalier,
Un cabinet... comment dit-on?... particulier,
Des huîtres, une dame, et même le champagne:

Voilà plus qu'il n'en faut pour battre la campagne,
Et pour tromper sa femme au dessert, le dessert
Etant relevé par un duo de concert
Intime...
      (*Tendant l'index vers la porte de la chambre*)
        Ce monsieur résume tous les vices.
      (*Elle reprend la paire de bottines*)
Il a dû lui payer un buisson d'écrevisses
Au poivre... Les romans prétendent que ce mets
Subtil a des vertus...
          (*Baissant sa voilette*)
        Je n'en mange jamais.
      (*Elle relève sa voilette pour se moucher*)
C'est pour d'autres que moi que mon mari réserve
Sa générosité turbulente et sa verve
Incendiaire...
         (*S'efforçant de rire*)
        Moi très délicatement
J'assiste et j'applaudis au divertissement !
        (*Considérant les bottines*)
Car Monsieur a bon goût, et je le félicite
De son choix aussi bien que de sa réussite...
La gueuse doit avoir les membres déliés...
Taille fine, si j'en juge par les souliers...
Un pied svelte et mignon, — qui ressemble du reste
              (*Découvrant sa cheville*)

A ceci, — prouve assez qu'en elle tout est preste,
Souple, élastique...
     (*Elle rejette violemment les bottines*)
    La coquine !... Je lui veux
Arracher à la fois le nez et les cheveux !
Je lui lacérerai le sein et le visage !...
Ah ! monsieur mon mari se targue d'être sage :
Pour couper court à ses plaisirs délictueux,
Je vais entrer comme un simoun tempêtueux,
Et pour mieux enfoncer ta porte, bon apôtre,
(*Elle saisit les bottines, et, après avoir enfoncé ses mains
 dans chacune d'elles, s'élance les deux poings en avant
 contre la porte*)
Mes deux poings vont s'armer des bottines de l'autre...
Hurrah !...
   (*Elle s'arrête brusquement*)
   Tiens ! un billet... une lettre dedans...
   (*Elle retire une lettre d'une des bottines*).
Une lettre !... Je suis sur des charbons ardents.
 (*Lisant l'adresse*)
« A ma femme, à ma... » Quoi ? qu'est-ce que ça veut dire ?...
(*Elle déchire l'enveloppe et déplie fiévreusement la lettre*)
Parcourons vite, afin d'abréger mon martyre :
« Jeannette, je te sais jalouse, et suis parti
Certain que tu voudrais me rejoindre... Je t'y
Invite, et je t'attends sur le coup de dix heures :

Ton... Et pour que la farce enfin soit des meilleures,
Pour que tu sentes bien que j'ai passé la nuit
A caresser ton col dont l'image me suit,
Tu trouveras tes deux bottines à ma porte... »
(*Elle regarde les bottines, qu'elle laisse tomber avec la lettre. — Dans son trouble, elle s'éponge le front, ramasse son manchon, s'essuie les yeux, ferme la fenêtre et la rouvre, puis se dirige vers la porte de la chambre en balbutiant*)
Mais alors !... Mais alors !... La surprise est trop forte,
Et je vais... Mais alors... Ah ! le trouble, l'émoi...
Le... la... mon... ta... je... nous...
(*Elle frappe doucement à la porte de la chambre en baissant sa voilette*)
      Ouvre, Jules, c'est moi.

CANDIDAT

AU CONSEIL MUNICIPAL DE !... (PROVINCE)

A Charles Fuster.

Un appartement éclairé par des candélabres. Une table, un buffet. Porte au fond. Fenêtres à gauche et à droite. Minuit et demi.

X... entre mystérieusement enveloppé dans un pardessus. Il ferme la porte, ouvre les fenêtres, ôte son chapeau, va chercher sur le buffet une bouteille et un verre qu'il pose sur la table, tire de sa poche une boîte d'allumettes-bougies et un cigare. Il s'assied comme un homme absorbé par ses réflexions.

Être élu !... Ne pas l'être ! O sombre question
Qui donne le vertige à mon ambition
D'aspirant au conseil municipal ! Problème

Devant qui ma raison flageole et devient blême,
Mon esprit marmottant : « Supputons tour à tour
Lequel des deux s'impose, ou du contre ou du pour. »
Élu ! si je l'étais !...
    (*Il se lève en frottant une allumette*)
     O troublante allégresse
D'un mortel embrasé d'une céleste ivresse,
Et qui croirait soudain dans un fauve transport
Toucher du front la nue et les étoiles d'or!..
     (*Il allume son cigare*)
Chapeau bas ! citoyens... Saluez ! citoyennes ;
Je suis l'Automédon qui taquine les rênes
D'une ville, je suis le grand homme d'État
Dont le geste éblouit, je suis le potentat
Qui sème les faveurs au gré de son caprice :
Ami des pauvres gens prosternés sans malice,
Vaste distributeur des bureaux de tabac,
Orateur dont les mots viennent de l'estomac,
Lorsqu'après un dîner humide de Champagne
Je me sens en humeur de battre la campagne, —
Au profit des ruraux pour qui j'ai des engrais
Plus odorants que les idylles de Segrais,
Au profit du petit commerce, de l'usine
Avide de charbon dont le fourneau lésine,
De l'auberge embusquée au tournant du chemin
Que suit le voiturier pensif, le fouet en main,

Des pêcheurs alignés sur la berge fleurie,
Des sabots, des cotons et de l'épicerie....
Et je suis le songeur, pèlerin des sommets
Qui protège les arts, et qui n'aurai jamais
Pour l'artiste entêté de sublimes chimères...
Que des souhaits pieux et des vœux très sincères.
Saluez! car d'un mot je pourrais foudroyer
Quiconque braverait *Monsieur le Conseiller*...
(*Il s'aperçoit que son cigare est éteint. Il se laisse tomber
dans sa chaise*)

. . . .

Conseiller !... si pourtant la fortune contraire
Osait me repousser du divin sanctuaire
Que je compte fouler de mon pas orgueilleux,
Et d'où je dois jeter à flots la poudre aux yeux !
Si mon nom submergé parmi mainte rature
Ordonnait le naufrage à ma candidature !
Si les méchants enfin triomphaient !...
             (*Frappant du poing sur la table*)
                              Sacré nom !
Mes électeurs seraient dignes du cabanon.
Car sachez, Messeigneurs, que ce serait infâme
D'avoir ainsi trahi ma foi. Car, sur mon âme,
Vous n'auriez pas de cœur d'avoir ainsi trompé
Les crédules cordons de ma bourse, et trempé
                              (*Il se verse à boire*)

Votre lèyre perfide au bord de la chopine
  (*Il saisit son verre, boit et se lève en frottant une allumette*)
Dont l'éloquence éclaire, ensoleille, illumine...
  (*Se promenant*)
J'en atteste le ciel. N'ai-je pas, chaque soir,
Depuis quinze longs jours promené l'ostensoir
Qui verse l'étincelle à toute conscience ?
N'ai-je point fasciné par mon omniscience
La foule qui, muette, écoutait mes discours,
Sans comprendre parfois, mais admirant toujours
Mon verbe bondissant parmi les métaphores
Comme un léger esquif parmi les flots sonores...
  (*Il s'avance vers la fenêtre de gauche et tend la main vers la rue*)
Peuple, ai-je dit, tu vois, ô peuple souverain,
Un vaillant démocrate, un vieux républicain...
Peuple, tu peux choisir pour tente ma pensée,
Que les vents incertains n'ont jamais balancée.
Sous l'Empire, déjà, sinistre, j'ai jeté
Le cri qui nous est cher, le cri de *Liberté !*
Et je t'ai dénoncé sans peur l'*Homme du Crime*
Qui traînait lâchement le pays à l'abîme...
Depuis j'ai combattu sous le noble drapeau
Du Progrès. L'Ignorance à deux doigts du tombeau
Tourne encor contre moi ses hurlements funèbres.

Car je suis l'éclatant fossoyeur des Ténèbres.
Je soufflette la Nuit de ces rayons vainqueurs
Qui sèment la fierté sur les fronts, dans les cœurs ;
Et je veux, ennemi de tout penser oblique,
Crier encore ici : « Vive la République !
     (Il agite son mouchoir)
Vive !... »
 (Quittant la fenêtre de gauche)
    Amis, pardonnez... ô peuple, sois clément...
Je viens de découvrir un homme au sentiment
Libre... mais dont jadis la poitrine anoblie...
C'est un vieux de la vieille... excusez sa folie...
 (Il se met à la fenêtre de droite : extrémité gauche
    de la fenêtre)
Donc, mon brave, je crois comme vous, le pays,
Pour venger son honneur et son orgueil trahis,
Aurait besoin d'un chef dont le bras énergique
Pût enfin comprimer la discorde publique,
Et qui sût sous l'éclair de son vif éperon
Entraîner les Français à la voix du clairon...
Adieu ! l'ancien; songez à moi...
 (Passant à l'extrémité droite de la même fenêtre)
       Salut, fidèle
Serviteur de nos rois, dont la race immortelle
Des rives de l'exil reviendra quelque jour
A coups de *Te Deum* célébrer son retour...

De nos rois qui, parés de l'antique couronne,
Resplendiront encor sur le velours du trône
Et rendront au tissu de nos drapeaux ces plis
Où s'accroche la fleur belliqueuse des lys...
. . . .
(Il fait face au public)
O peuple, sur mon sein tu peux poser ta tête
Confiante. Pour toi provoquant la tempête,
Je marcherai la flamme aux yeux, le glaive en main...
O peuple, écoute-moi, tu vas voter demain.
Quand le soleil aura chassé l'ombre nocturne,
Demain retentira l'appel : à l'urne ! à l'urne !...
A l'urne !... Demain donc, ô peuple souviens-toi !
    (Il saisit la bouteille)
Car je te donne ici des gages de ma foi.
               (Il se verse à boire)
A ta santé ! Je bois...
(Il vide son verre, puis le remplit et le verse à plusieurs reprises en faisant semblant de trinquer)
        Buvons jusqu'à l'aurore.
               (Il s'assied)
Le vin réchauffe les serments... Buvons encore...
Fêtons la Liberté par nos mâles transports.
   (Se levant)
Vive le vin !... le vin...
               (Retombant sur sa chaise)

C'est drôle... je m'endors...
(*Il s'étale sur la table*)
Ah !... ah !... ah !...
(*S'efforçant de redresser la tête*)
Mes amis... du moins... si je sommeille,
Soyez témoins que j'ai... la figure vermeille,
Et que... comme François... dont périsse le nom !...
Je me suis endormi...
(*Il renverse son verre et se couche le nez dessus*)
Couché sur un *canon*...

PAS DE FUMÉE SANS CIGARE !

A Jules Tellier.

Un appartement attenant à une salle à manger.

GEORGINE. Elle tient une boîte de cigares qu'elle a prise sur un meuble et présente un londrès au public.

Mesdames, fumez-vous?... Non... pas même un cigare...
Et vous vous étonnez que ce londrès s'égare
Entre mes doigts... J'ai donc un robuste estomac?...
Heu ! heu !... Voici pourquoi j'adore le tabac...
            (*Elle remet le londrès dans la boîte*)
Maman m'a toujours dit, quand j'étais jeune fille :
« Celui dont tu feras un père de famille,
C'est-à-dire... ou plutôt... celui qui... celui... Bref

Le futur Anatole ou le futur Joseph
Que ton cœur virginal attend comme un Messie,
T'apparaîtra nimbé d'azur... » O poésie!...
« C'est dans un bal, crois-moi, qu'il te rencontrera...
L'orchestre attaque... (tiens!) la valse de Métra...
Viens avec moi... D'abord dans un léger tumulte
Chaque galant s'adresse à l'objet de son culte,
A l'objet entrevu qui charme... Le voici!
Ton chevalier servant. Il s'avance, et saisi...
Car malgré leur moustache en croc, leur mine fière
Et le brio de leur démarche cavalière,
Fussent-ils Richelieu, d'Artagnan ou Dunois,
Va, tous les amoureux tremblent près d'un minois
Candide et d'une joue en fleurs... Ton beau jeune homme
(Peu t'importe son âge et comment il se nomme,
Pourvu qu'il semble jeune et qu'il soit presque beau!)
Se présente, et, tenant à la main son chapeau,
S'incline en bégayant : « Pardon, Mademoiselle,
Dansez-vous? — Oui, Monsieur. — En ce cas... si mon zèle
N'était pas indiscret... — Aucunement. — Je vous... »
Il t'emmène, et la valse avec ses rhythmes fous
Vous emporte dans un froufrou de satins roses...
Bravo! *Nous cueillerons les lilas et les roses...*
Vous tournez enlacés l'un à l'autre, si bien
Que son cœur fait tic, tac, tic, tac! contre le tien.
Hé! mais, le polisson, il te serre la taille...

Bravo ! l'ivresse monte... Est-il assez canaille !...
Cela touche au délire... En frôlant tes cheveux
Sa lèvre ose risquer le plus franc des aveux :
« Je vous aime !... » à tel point que tu viens, rougissante,
Te plaindre qu'il t'ait dit une chose... indécente...
Mais non, ma fille, tu l'embrases, voilà tout !...
Un autre tour de danse, et le pot-au-feu bout... »
     (*Passant de l'autre côté de la scène*)
Et maman ajoutait, quand j'étais jeune fille :
« Celui dont tu feras un père de famille,
Qu'il réponde au prénom d'Auguste ou d'Annibal,
S'il ne surgissait pas à la clarté d'un bal,
Nous le dénicherions à l'Opéra-Comique...
Pour accorder deux cœurs rien ne vaut la musique,
Une musique douce, aimable et de bon ton
Où le ténor léger prime le baryton,
Où l'orchestre sevré de brutales démences
Laisse la passion soupirer des romances...
Ecoute !... Que dis-tu de ce trille perlé ?...
Réponds à tout hasard : « Savamment modulé !..
Parfait ! la dugazon... » Goûte la mélodie
Seule, sans t'occuper des traits de comédie
Du dialogue... Ah ! mais, de la tenue !.. Il faut
Qu'en tes manières rien ne trahisse un défaut :
On t'observe... — Qui donc ? — Attends une minute
Que l'acteur ait fini de jouer de la flûte...

L'entr'acte!... Attention!... L'instant est solennel :
C'est de lui que dépend ton bonheur éternel...
Que te disais-je?... Eh! bien?... De la loge voisine
Vient une dame qui me traite de cousine,
Et qui demande à nous présenter... Allez-y!...
Un jeune homme s'avance aussitôt, et saisi...
Car malgré leur moustache en croc, leur mine fière
Et le brio de leur démarche cavalière,
Fussent-ils Richelieu, d'Artagnan ou Dunois,
Va, tous les amoureux tremblent près d'un minois
Candide et d'une joue en fleurs... Le beau jeune homme
(Peu t'importe son âge et comment il se nomme
Pourvu qu'il semble jeune et qu'il soit presque beau!)
Se présente et, tenant à la main son chapeau,
S'incline en bégayant : « Pardon! Mademoiselle,
Vous aimez la musique... — Oui, Monsieur. — Surtout celle
Qui caresse, et dont les accents délicieux
Contiennent un écho du langage des cieux...
Préférez-vous Auber, Hérold?... Il est notoire
Que les vieux maëstros de l'ancien répertoire
Ne sont pas détrônés par les compositeurs
Que l'école moderne appelle ses auteurs,
Et dont les instruments déchaînent la tempête...
Que vous en semble?... — Mais... Maman, je reste bête...
— Tant mieux! ma fille : on l'est toujours, ayant trouvé
L'époux prestigieux que l'on avait rêvé... »

(*Elle vient sur le devant de la scène et exhibe un londrès*)
Vous ne comprenez point là-dessus, j'imagine,
Comment madame Rock (pour son mari Georgine,
Quelquefois Georginette) ayant un estomac
Très identique au vôtre adore le tabac...
C'est que dans ses calculs ma mère s'est trompée...
C'est que je ne suis pas une simple poupée
Qu'on dote d'un anneau plus ou moins conjugal
Entre deux *si* bémol que guette un madrigal...
Celui qui m'eût aimée au cours d'une *skotich'*
Ou du *Domino noir* m'eût paru très godiche...
Je suis la moitié d'un officier, d'un dragon
Avec qui je me suis mariée en wagon...
(*Elle remet le cigare dans la boîte*)
En wagon !... Permettez !... Ne me faites pas dire
Des bêtises... Je dis et brave la satire
En disant qu'un wagon m'approcha de celui
Qui me donne le bras en public aujourd'hui...
C'est fort simple. L'été dernier, fin de septembre —
Lorsque les députés vont rentrer à la Chambre —
Nous revenions, maman et moi, des bains de mer...
Un village normand près du chemin de fer
Qui traverse à deux pas une sous-préfecture...
Voyageurs pour le train de Paris en voiture !...
Nous montons : *uit*... Le train s'ébranle en ce moment...
Or à peine étions-nous dans le compartiment

Où planait un brouillard d'odorante fumée,
Qu'un Monsieur, saisissant la mimique alarmée
De ma mère, nous dit : « Mesdames, je fumais,
Ayant voyagé seul jusqu'à cet endroit... Mais...
Mais puisque vous voici..... je m'empresse d'éteindre
Mon cigare, dont vous auriez lieu de vous plaindre...
— Oh ! monsieur, dit maman confuse, grand'merci !...
Non pour moi... Le tabac m'est... Je n'ai nul souci
De savoir si l'on fume à mon nez... Mais Georgine...
— Moi ? maman... — Tu pourrais attraper une angine...
— Allons donc !... — La fumée aux arômes trompeurs
Te donnerait, j'en suis certaine, des vapeurs...
— Tu te moques !... — Enfin, le tabac t'importune...
Tu le hais. — Je l'adore, et n'ai point de rancune
Contre la plante qui le produit... — C'est très bien :
Que monsieur fume alors... — Oh ! je n'en ferai rien,
Fit l'autre. — Monsieur !... — C'est une plaisanterie...
— Il me semble pourtant que ma fille vous prie...
— Mais oui, monsieur, je vous... — En ce cas je me rends... »
Là-dessus il fixa ses regards conquérants
Sur mon front qui devint d'un rouge ridicule
Où l'aube se mêlait aux feux du crépuscule...
Or pendant que le bel inconnu s'efforçait
De raviver son bout de cigare, et lançait
Des nuages pareils aux bleuâtres spirales
Dont l'encens réjouit l'ombre des cathédrales,

Je m'aperçus, ayant les sens un peu troublés,
Que sa moustache était blonde comme les blés...
Son sourcil révélait assez l'âme hautaine
Qu'il... Justement j'appris qu'il était capitaine :
Car ma mère le fit causer,... et j'écoutais.
Tout à coup j'éprouvai..., je sentis... que j'étais...
Je ne sais quoi... J'avais l'air d'une femme grise...
La tête me tournait... Brusquement je fus prise
De... Scène inénarrable !... O ciel ! il fallait voir
Le monsieur consterné, ma mère au désespoir...
Donc ma mère n'ayant pas prévu l'aventure
N'avait sur elle aucun remède de nature
A combattre l'effet de ce mal passager :
Rien ! pas d'eau de mélisse ou de fleur d'oranger !...
Mais l'autre..., le fumeur, retira de sa poche
Et me mit sous le nez un flacon dont l'approche
Suffit à dissiper en moi toute rancœur...
O le bon cordial !... qui m'alla jusqu'au cœur...

. . . .

(*Confidentiellement*)
Deux ou trois jours après, à Paris, nous reçûmes
La visite de mon... prétendant... Car nous sûmes
Au cours d'un entretien délicat et charmant...
(*Elle choisit un cigare qu'elle fait craquer entre ses doigts*)
Voilà pourquoi, Messieurs, Mesdames, et comment
J'adore le tabac..., pas pour moi, qui suis femme

Quoique... dragonne..., pas pour vous, gentille dame
Qui couvez ce londrès d'un œil concupiscent...,
Mais pour... pour le mari superbe et caressant
Qui me réclame au coin de notre cheminée,
Les pinces à la main, la joue illuminée
Par le reflet des gros tisons, l'esprit content :
Car il songe à quelqu'un qui s'appelle...
      (Se retirant)
        Il m'attend...
 (Revenant)
Car tous les soirs, après le repas, quand la nappe
A disparu, soudain, furtive, je m'échappe,
 (Se retirant)
Afin de rapporter un londrès...
      (Revenant)
      Et c'est moi,
C'est moi qui tous les soirs avec un tendre émoi
(Privilège divin dont une âme d'épouse
A le droit de paraître obstinément jalouse!)
C'est moi qui tous les soirs, — tandis que radieux
Il me regarde et sent qu'à la porte des cieux
Son rêve dans l'azur et l'extase s'égare —
(Elle frotte une allumette-bougie qu'elle tient allumée en se retirant)
Me réserve le soin d'allumer son cigare...

MON MARI DORT!...

A Charles Le Goffic.

Une chambre : porte au fond, une fenêtre à gauche. — Minuit.

ADÈLE. Elle entre tenant à la main droite un bougeoir, à la main gauche son chapeau, et sur le bras son manteau. Elle dépose le tout sur un meuble.

Minuit!... Mon mari dort !... Je me suis éveillée,
Et me voilà!... Pardon ! je me suis habillée
D'abord, sachant qu'il faut éviter les écarts
D'un corsage qui bâille et qui livre aux regards
Un sentier indiscret... Donc j'ai fait ma toilette
Et mis dans mon mouchoir de l'eau de violette...
     (*Présentant son mouchoir*)

Sentez!... Ne craignez rien... Monsieur mon mari dort...
A deux pas...
   (*Se rapprochant de la chambre de son mari*)
    Écoutez comme il ronfle... Très fort
Pour ronfler, cet époux un tantinet obèse
Qui possède un soufflet de forge... moins la braise !...
C'est pourquoi je me suis levée en tapinois
Pour conter mes griefs et montrer mon minois
Aux chevaliers servants de la beauté piastique...
   (*S'avançant vers le public*)
Ça ! qui veut me venger du dormeur fantastique
Qui ne réfléchit pas qu'à cette heure de nuit
Sa fringante moitié se consume d'ennui ?...
Le traître ! Je défends qu'on lui trouve une excuse...
D'autant plus qu'autrefois !...
   (*S'asseyant*)
    Mon Dieu ! comme tout s'use !...
Autrefois... Car enfin nous avons soupiré
L'un pour l'autre... Sinon, nous serions-nous juré
Officiellement une flamme éternelle ?...
Dame ! Il faut bien qu'il m'ait chatouillé la prunelle
Et que j'aie eu l'honneur de lui taper dans l'œil
Pour que nous n'ayons pas hésité sur le seuil
Du monument public qu'on nomme une mairie.
La loi française veut qu'on s'aime, et ne marie
Que ceux qui s'aiment. Nous nous sommes mariés.

Aussi les premiers temps nous étions... Vous riez!...
Comme deux tourtereaux qui roucoulent sans cesse.
Je lui disais : « Mon prince! » et j'étais : « Sa princesse! »
Moi seule obéissais à son sceptre vainqueur ;
Tout mon empire avait pour limites son cœur...
Le joli temps!... J'y songe et j'en reste songeuse...
Lui n'avait pas encor cette mine ombrageuse
D'un employé qui n'est joyeux qu'en émargeant
Vers le trente du mois une pile d'argent,
Ni le front renfrogné d'un gendarme perplexe
Dont le sourcil se courbe en accent circonflexe...
Il était gai, plus gai qu'un pinson. Son amour
N'était pas attiédi par la chute du jour...
Le commerce avec ses entreprises ardues
Ne nous préoccupait qu'à nos heures perdues :
Riches de nos baisers jaseurs, nous écartions
Le souci des reports et des soustractions
Par qui l'on gagne vite un visage morose.
Nous vivions dans le bleu, quelquefois dans le rose
Nuancé d'indigo, de vert, de violet...
Nous buvions notre vin au même gobelet,
Nous essuyant la lèvre à la même serviette.
Et même il arrivait que dans la même assiette,
Avec des rires fous de jeunes commensaux,
Ingénument nous nous disputions les morceaux.
Car tout était commun entre nous deux... Le drôle!

Figurez-vous qu'un soir il m'a mordu l'épaule...
(*Elle se lève, ouvre la fenêtre et contemple le ciel étoilé*)
Un soir où, sans penser aux vilains farfadets
Qui rôdent, l'œil mi-clos, calme, je regardais
Au fond du firmament sans nuage et sans voiles
La lune s'arrondir au milieu des étoiles...
Le brigand murmurait en m'indiquant le ciel :
« L'astre qui brille, c'est notre lune de miel... »
(*Quittant la fenêtre*)
Et c'est en ajoutant : « Bichette, je t'embrasse !... »
Qu'il mordit... jusqu'au sang... J'en conserve la trace...
Au-dessous de l'épaule... et même...
(*Faisant mine de découvrir son épaule*)
Tenez ! là...
Attendez !...
(*Se ravisant*)
Ah ! mais non, ça se cache, cela...
Un soldat valeureux doit cacher sa blessure...
Moi je ne me plains pas du tout de la morsure...
e me plaindrais plutôt du trop maigre régal
Qui relève aujourd'hui le bonheur conjugal...
(*Marchant*)
Le bonheur conjugal ! trésor imaginaire
Qu'entrevoit le cerveau d'une pensionnaire
Qui met son nez à la fenêtre du couvent
Et se laisse bercer par la chanson du vent !...

(*S'arrêtant*)
O mes sœurs, croyez-moi, chiffonnez des dentelles
Ou tricotez des bas, dites des bagatelles,
Jouez du piano, barbouillez des fusains,
Ayez même des mots tendres pour vos cousins,
Feuilletez des romans, admirez la nature,
Rimez des vers banals, faites de la peinture
Anémique, chantez, dansez des mazurkas
Sans conséquence avec de fluets avocats,
Cuisinez, fabriquez des poires en compote...
Mais ne vous rangez pas sous le joug d'un despote
Pour qui l'on crut ouïr son cœur battre plus fort...
Le bonheur conjugal !...

(*Se rasseyant*)
Minuit ! Mon mari dort !...
Mon mari dort les poings fermés, et moi je rêve...
Que nous fûmes heureux... Félicité trop brève !...
Hélas ! les temps sont clos. Après trois ans très courts
Mon époux somnolent abrège les discours
Qu'il me développait aux clartés de la lune,
En orateur qui n'a pas besoin de tribune,
En poète...

(*Se levant et marchant*)
Il a fait pour moi plus d'un sonnet
Libre... de forme libre... et qu'il assaisonnait
De substantifs d'un leste... et de verbes d'un raide !...

(S'arrêtant)
A propos, vous savez qu'il s'appelle Tancrède ?...
L'imbécile ! pourquoi pas Jacques ou Joseph ?...
Joseph surtout ! depuis qu'il se couvre le chef
De bonnets de coton paisibles et maussades
Sur qui n'a jamais lui le soleil des Croisades...
(Se tournant vers la chambre de son mari)
Homme stupide qui n'as plus rien d'autrefois,
Apprenti sénateur, ô précoce bourgeois
En qui tout s'est éteint au bout de trois années,
Toi seul romps les liens de nos deux destinées,
Toi seul pousses ta femme en dehors du chemin
Que foulent côte à côte et la main dans la main
Les couples qui !.. Toi seul !.. Ton serment fut un leurre.
Eh ! bien, moi, je prétends m'affranchir à cette heure...
Je prétends... Allons ! dors, savoure le sommeil
Du juste en attendant que les feux du soleil
Eclairent les cornards qui grouillent dans le monde.
Je sens que je suis jeune, et m'estime assez blonde
Pour donner un vrai coup de canif au contrat
Qui m'enchaîne à Monsieur Elbeuf, marchand de drap...
Allons ! dors... Je me suis faite belle, et je compte
Suivre le premier lord ou le premier vicomte
Qui me dit en fumant un cigare : « Viens-tu ?
Ma charmante... A souper j'invite ta vertu... »
Allons ! dors... Un petit jeune homme me détache

Des regards acérés en tordant sa moustache...
Allons ! dors... J'aperçois les vastes favoris
D'un Anglais dont le cœur d'Outre-Mer s'est épris
De ma joue irisée et de mon cou de neige...
Allons ! dors... Il me plaît de sourire au manège
D'un financier ou d'un aimable freluquet
Qui m'offre un madrigal et me jette un bouquet...
Qu'un chanteur à la voix d'or ou de chrysocale
Me convie à goûter la gloire de Cancale,
Je l'épouse... A moins qu'un notaire pas trop laid
N'arrose de Sauterne une aile de poulet...
A moins qu'un député par d'adroits maléfices
Ne m'oblige à voter pour un plat d'écrevisses...
A moins que.... J'ai choisi l'estimable seigneur
A qui je dois ce soir immoler mon honneur,
Rebelle à mes devoirs d'épouse. Sur mon âme !
C'est un monsieur très bien, qui me dira : « Madame,
» Voulez-vous accepter un grog américain ? »
« — Très volontiers ! monsieur... » Ce n'est pas un pékin
Vulgaire et bedonnant. Ce doit être un artiste,...
Pour qui le ciel pur a des reflets d'améthyste,
Et pour qui les flots clairs que froncent les zéphyrs
Ont à leur crête des couronnes de saphirs.
Pauvre garçon, il n'a peut-être, étant peu riche,
Que des châteaux d'Espagne et des terres en friche...
N'importe ! nous partons ensemble...

(*Elle met son chapeau*)
                    Nous saurons
Accorder nos éclats de rire fanfarons...
Le sort en est jeté ! Dieu veut que je renaisse
Des cendres qu'un mari sème sur ma jeunesse...
En route ! fuyons...
    (*Ecoutant à la porte de la chambre de son mari*)
                L'autre est toujours endormi...
Je suis très décidée, allez ! mon jeune ami...
                        (*Elle saisit son manteau*)
Je vous aime, je prends mon manteau... Car la brise
A tout l'air de fraîchir... Tiens ! déjà l'aube grise
Chasse l'ombre... Oh ! mais rien ne saurait m'empêcher
De partir, et je vais...
(*Elle retire son chapeau, dépose son manteau et prend le bougeoir*)
            Je vais me recoucher.

RÉZINSEC ET STROPHAZUR

PERSONNAGES :

RÉZINSEC, maire de Figueville, épicier.
FAUCILLON, son premier adjoint, agriculteur.
BECDEPLUME, son deuxième adjoint, ancien fonctionnaire.
STROPHAZUR, poète lyrique.
CŒLINA, fille de Rézinsec.
MM^{mes} FAUCILLON.
      BECDEPLUME.
Invités, un Domestique.

La scène se passe chez M. Rézinsec, maire de Figueville.

RÉZINSEC ET STROPHAZUR

A Charles Raymond

SCÈNE PREMIÈRE

RÉZINSEC, FAUCILLON, BECDEPLUME, STROPHAZUR, CŒLINA, MADAME FAUCILLON, MADAME BECDEPLUME

Un salon chez M. le Maire. Au milieu une table autour de laquelle sont rangés les convives. A droite, un piano. A gauche, une porte. Au fond, une large croisée s'ouvrant sur un jardin. Le repas se termine. On vient de verser le champagne.

RÉZINSEC, *se levant, le verre à la main*

Une, deux, trois... Têtons nos verres de champagne...
                                      (*Il boit*)
Et maintenant que mon esprit bat la campagne,
Rempli de mousse blonde et vide de tracas,

Messieurs mes invités, convives délicats
Qu'il me plut de ranger autour de cette nappe,
Et qui comprenez tous que le jus de la grappe,
Fille du gai soleil, ne laisse jamais courts
Les orateurs lancés à travers des discours,
Sans métaphore et sans période fleurie,
Je porterai d'abord un toast à l'industrie,...
Qui seule contribue indubitablement
A la richesse d'un pays dont l'ornement
 Dépend des gros bourgeois d'une sous-préfecture...

FAUCILLON

Pardon! vous oubliez, Monsieur, l'agriculture,
Cette mamelle qui...

RÉZINSEC

 Soit !... Si vous me troublez...
Je rends hommage à ceux qui cultivent les blés,
Aux rudes travailleurs qui promènent la herse...
Mais j'aime l'industrie, et veux que le commerce
Obtienne les honneurs dans une nation
Prospère où je m'applique à la profession
D'épicier... Car je suis épicier, je m'en vante :
Et qu'il gèle ou qu'on sue, et qu'il pleuve ou qu'il vente,
J'empile des gros sous, et me moque de ceux...

BECDEPLUME

Pardon! ne dites pas de mal...

RÉZINSEC
                    Des paresseux
Qui ronflent en songeant aux rumeurs du tonnerre...

BECDEPLUME
Pardon ! Monsieur, pardon ! je suis fonctionnaire
En retraite...

RÉZINSEC
                Je rends hommage aux serviteurs
De l'Etat, aux zélés... Ce sont des producteurs
Dans leur genre... Je dis simplement, je déclare
Sans tambour ni clairon, sans couplet ni fanfare,
Que je ne reconnais pour mes concitoyens
Que ceux qui, comme nous, s'entourent de beaux biens
Gagnés par le travail positif, par la lutte
Qu'on livre tous les jours sans jouer de la flûte,
Sans bayer à la lune, aux étoiles...

FAUCILLON
                    Bravo !

RÉZINSEC
Sans se farcir la tête et s'emplir le cerveau
De rêves, de brouillards, et de billevesées
Qui ne tiennent pas plus que ces folles rosées
Qu'emporte le soleil dans les plis du matin.
Je n'admets que les gens pratiques...

BECDEPLUME

C'est certain.

RÉZINSEC

Loin de nous les songeurs épris d'une autre sphère !
Je veux que dans la vie on se tire d'affaire...

FAUCILLON

Monsieur le maire, vous parlez très sagement.

BECDEPLUME

Monsieur le maire c'est aussi mon sentiment.

RÉZINSEC, *après avoir bu une gorgée de champagne*

Sur ce, messieurs et chers...

FAUCILLON, *lui présentant sa tabatière*

Voulez-vous une prise ?

RÉZINSEC, *après avoir prisé et éternué*

Administrés, je vous réserve une surprise.

MESDAMES FAUCILLON ET BECDEPLUME

Laquelle ?

RÉZINSEC

Le hasard, ou mon flair... Car mon flair
Découvre très souvent quelque chose dans l'air...
M'a fait trouver sur mon chemin un oiseau rare
Dont le gazouillement captive, et qui s'effare

Quand on l'approche. Mais j'ai mis la main dessus.
Je voulais vous l'offrir au dessert...

MADAME BECDEPLUME

                              Doux Jésus !
Un oiseau !... La couleur, Monsieur, de son plumage ?

MADAME FAUCILLON

Il chante, n'est-ce pas ?

FAUCILLON

                        Ecoutons son ramage.
Ça peut être amusant, un oiseau dont le cri...

MADAME BECDEPLUME

Ah ! si vous aviez vu mon petit colibri...

MADAME FAUCILLON

Votre petit ?...

MADAME BECDEPLUME

            Hélas ! je l'ai perdu, madame :
L'oiseau s'est envolé...

BECDEPLUME

                  Qu'il vole !... Je réclame
Celui de...
   (A Rézinsec)
          Montrez-nous le vôtre, s'il vous plaît,
Monsieur le Maire...

FAUCILLON

Est-ce un bouvreuil ?

MADAME FAUCILLON

Un roitelet ?

BECDEPLUME

Un merle blanc !...

MADAME BECDEPLUME

Avec un gosier d'alouette ?

FAUCILLON

Un ?

RÉZINSEC

J'ai l'honneur de vous présenter un poète.

MADAME BECDEPLUME

Un poète !

MADAME FAUCILLON

Un poète !

MADAME BECDEPLUME

O ciel !... Où donc est-il ?...

RÉZINSEC, *montrant Strophazur qui s'incline d'un air confus*

Le voici.

BECDEPLUME

Compliments !

MADAME BECDEPLUME

Distingué !

MADAME FAUCILLON

Très gentil !

FAUCILLON

Et son nom ?

RÉZINSEC

Strophazur.

FAUCILLON

Cela sent la Bohême.

RÉZINSEC

C'est avec ça, messieurs, qu'on écrit un poème...

BECDEPLUME

Et qu'on gagne le droit de mourir sans remord
A l'hôpital...

RÉZINSEC

Amis, gloire aux rêveurs que mord
L'Idéal avec ses tentacules de pieuvre !...
    (*A Strophazur*)
Monsieur, récitez-nous quelque chose... un chef-d'œuvre
Par exemple...

BECDEPLUME

En l'honneur des brises du matin...

MADAME BECDEPLUME

Et des cloches du soir, dont le son argentin
S'éparpille dans l'air au front de la colline...

BECDEPLUME

Du brouillard vaporeux...

MADAME BECDEPLUME

Du soleil qui décline...

FAUCILLON

Des vignes...

MADAME FAUCILLON

Du printemps...

FAUCILLON

Du cidre...

MADAME FAUCILLON

Des prés verts.

STROPHAZUR, *se levant*

Sonnet...

FAUCILLON

Ce n'est pas long, au moins.

STROPHAZUR

Quatorze vers.

RÉZINSEC

Ecoutons.

STROPHAZUR, *récitant*
« Je suis fils... »
RÉZINSEC, *à Cœlina*
Ecoute bien, ma fille.
CŒLINA
Mais oui, mon père.
RÉZINSEC
Chut !... Je veux que ma famille
Goûte la poésie... Ecoute bien.
STROPHAZUR
« Je suis.. »
RÉZINSEC
Si tu ne comprends pas les métaphores, suis
La cadence... Après quoi, s'il faut que je t'explique,
Je saurai t'éclairer... Vive la République !...
(*A Strophazur*)
Commencez.
STROPHAZUR
« Je suis fils de l'azur...
FAUCILLON
Un sonnet,
Serait-ce ?...
BECDEPLUME
Laissez donc chanter le sansonnet.

STROPHAZUR

« Je suis fils de l'azur, et j'ai la nostalgie
Des grands cieux étoilés qui m'attirent là-bas,
Là-haut, vers l'Idéal dont mon front ne sait pas
Repousser l'enivrante et cruelle magie...

» Je suis un songe-creux qui promène mes pas
De buisson en buisson et d'ode en élégie,
Me réchauffant aux feux dont l'aube naît rougie
Quand l'ombre de la nuit se résigne au trépas...

» Je souffre. Mais mon cœur préfère sa souffrance
Au triple bouclier de lourde indifférence
De ceux que laisse froids l'essor d'un rythme pur...

» Je me nourris avec la musique des grèves,
Et j'ai pour lambrisser le palais de mes rêves
De l'azur, de l'azur, de l'azur, de l'azur... »

      (Strophazur s'assied en saluant)

FAUCILLON

C'est tout ?

BECDEPLUME

 C'est un peu court.

MADAME BECDEPLUME

     Mais exquis : ah ! quel charme
D'ouïr de pareil vers !...

MADAME FAUCILLON

J'ai senti qu'une larme
Perlait sur ma paupière et j'ai failli pleurer.

FAUCILLON

Est-il vrai que les vers se chargent d'épurer?...

BECDEPLUME

Tiens! c'est drôle!... Voici que je me sens tout chose...
Tout à l'heure pourtant je voyais tout en rose...
C'est bête comme tout, je me laisse émouvoir
Par des mots...

MADAME BECDEPLUME

Après ça niez donc le pouvoir
Des syllabes!..

BECDEPLUME *à Strophazur*

Souffrez que je vous félicite
Des transports chaleureux que votre muse excite
Chez moi... Vous possédez de la flamme, du feu :
J'étais dans les bureaux; je m'y connais un peu.

FAUCILLON

Vous m'avez remué... Vous aimez la nature :
Merci, Monsieur, au nom de notre agriculture!...

RÉZINSEC *à Cœlina*

Eh! bien, fillette, eh! bien tu n'as pas applaudi!...
A ton âge on n'a point le cerveau refroidi,

Et les vers, les beaux vers vous donnent sur la tête
Comme un coup de marteau d'où jaillit la tempête.
Pourquoi donc ?...

COELINA

J'applaudis, mon père, de grand cœur.

RÉZINSEC

Non, c'est avec les mains qu'on fête le vainqueur
Qui... Tu n'as pas compris peut-être sa pensée ?...

COELINA

J'ai senti, ça vaut mieux.

RÉZINSEC

Ah !... T'aurais-je blessée ?...

COELINA

Non.

RÉZINSEC *se levant*

Messieurs, c'est à moi, votre maire, écoutez !
Qu'il appartient de dire en prose... Car notez
Que l'on peut sans rimer des sonnets à la lune
Etre maire... Je veux au nom de la commune
Complimenter Monsieur Strophazur, ce rimeur
Inspiré par le ciel, dont le parler charmeur
Me rappelle le doux murmure d'une harpe...
Pourquoi ne m'a-t-on pas apporté mon écharpe ?...
Ah ! monsieur Strophazur, ah ! monsieur Strophazur...

Ah! monsieur, permettez... pardonnez... je suis sûr...
Que... que... Que vous dirai-je enfin ?...

STROPHAZUR

Monsieur le maire,
Vous me rendez confus. Je ne saurais mieux faire,
Pour vous remercier, que de... de vous offrir,
Un exemplaire... si vous daignez le souffrir...

RÉZINSEC

Comment donc ! mon ami...

STROPHAZUR

De mon dernier volume.

RÉZINSEC

Il se pourrait ?

STROPHAZUR, *exhibant un volume*

Pardon ! avez-vous une plume,
Pour qu'une dédicace inscrive votre nom
Sur le premier feuillet des *Plaintes du canon* ?

RÉZINSEC

Les *Plaintes du canon*, joli titre !...

STROPHAZUR

Une plume !

RÉZINSEC, *lui passant un porte-plume*

Voici !.. Vous me comblez en m'offrant un volume
Que je feuilletterai... Je suis paperassier...
Dédicace...

STROPHAZUR *lisant*

« A Monsieur Rézinsec, épicier
« En gros comme en détail, hommage d'un poète... »

RÉZINSEC, *prenant le volume et serrant la main
de Strophazur*

Ah! Monsieur, touchez-là! Vous êtes un honnête
Citoyen, et je suis... Pardieu! ce trait me va
Jusqu'à l'âme. J'ai beau renier Jéhovah,
Vous m'avez révélé que je possède une âme...
D'amadou. Vous battez le briquet, et la flamme
S'élance... Cet ouvrage est un cadeau princier.
Dédicace : « A Monsieur Rézinsec, épicier
« En gros comme en détail hommage d'un poète... »
Vous entendez bien tous.

TOUS

Vivat!...

RÉZINSEC, *à Cœlina*

Et toi, fillette,
Embrasse-moi pour mieux mesurer tout l'honneur
Qui de ton père fait l'égal d'un grand seigneur...
Par moi tu goûteras les flots de poésie
De ce recueil empreint d'une odeur d'ambroisie...
Ça! Messieurs, fumons-nous un de ces trabucos
Qu'acheta mon aïeul de passage à Burgos?

MADAME BECDEPLUME

En Espagne?

RÉZINSEC

Sans doute!

BECDEPLUME

Au pays où Rodrigue
Au sang des Maures dut mêler son sang prodigue?

RÉZINSEC

C'est possible... Passons au jardin, pour causer
Art et littérature, en fumant, et creuser
Ces grandes questions qu'effleurent les concierges...

FAUCILLON

Vous avez, paraît-il, de splendides asperges?...

RÉZINSEC

Je vais vous les montrer.

MADADE FAUCILLON

Et de jeunes radis
Que les anges voudraient croquer au paradis?...

RÉZINSEC

Venez voir.

BECDEPLUME

Savez-vous élever la tulipe?

RÉZINSEC

J'ai surtout des œillets.

FAUCILLON, *à part, fouillant ses poches*

Qu'ai-je fait de ma pipe ?

RÉZINSEC

Au jardin, tout le monde !...

TOUS

Au jardin ! au jardin !...
(*Tout le monde sort, à l'exception de Strophazur*)

SCÈNE II

STROPHAZUR, seul

(*Il va se mettre au piano. Il promène quelques instants ses doigts sur le clavier et s'interrompt*)

C'est très divertissant d'essuyer le dédain
D'hommes appréciant moins les larmes de l'aube...
Qu'une sauce au madère ou qu'un bœuf à la daube...
De ces mangeurs de soupe à qui les grands blés roux
Parlent moins que l'aspect d'un gros carré de choux,
Qui disent des moissons : « Tant de sacs de farine !... »
Et dont rien, sur ma foi ! ne flatte la narine
Comme l'odeur des bœufs qu'on mène à l'abattoir...
Peignez-leur les troupeaux venant à l'abreuvoir,
Les chevreaux suspendus aux touffes de bruyère,
Ils se regarderont au fond de leur cuillère ;
Leur fourchette intrépide aux brises du matin

Répondra gravement que l'arome du thym
N'a d'autre mission que le civet de lièvre,
Et que le serpolet travaille pour la lèvre
Jalouse de happer Monsieur Jeannot lapin...
Le verger leur fournit la pomme et son pépin.
Leur robuste estomac ne juge pas utile
De dîner d'herbe fraîche et de lambeaux d'idylle,
Et ne veut admirer dans la création
Que ce qui contribue à la digestion...
        (*Il égrène quelques notes sur le clavier*)
Après tout, raisonnons... L'homme est un mammifère
Qui fonctionne sans la fibre d'un trouvère,
Un être moins savant et cent fois plus bouffon
Que l'âne célébré par le docte Buffon.
L'âne a moins d'appétit, n'étant qu'un herbivore...
L'homme mange de tout, et d'autre chose encore :
Mais ce n'est ni la courbe auguste de la mer,
Ni l'écume des flots frottés d'un sel amer,
Ni le scintillement de la forêt mouillée
Frissonnant au soleil qui sèche la feuillée,
Ni le gazouillement des nids au fond des bois,
Ni le murmure du silence aux mille voix
Tombant du ciel avec la paix du crépuscule,
Ni le sang que l'air vif à la rose inocule,
Ni l'éclat du printemps... qui peut rassasier
Le besoin d'infini de ce grand carnassier...

(Il ouvre un cahier de musique)
La Valse de Métra... Bon pour la jouvencelle
Qui vit d'amour et d'eau claire!..
(Il se met à jouer au piano la Valse des Roses.)

CŒLINA, *chantant dans la coulisse*

Viens avec moi pour fêter le printemps,
Nous cueillerons les lilas et les roses...

(Cœlina paraît, Strophazur s'interrompt)

SCENE III

STROPHAZUR, CŒLINA

STROPHAZUR, *se levant*

Mademoiselle!...

CŒLINA, *embarrassée*

Monsieur!... Continuez... J'ignorais... Je... Pardon !
Je me retire...

STROPHAZUR

Quoi ! j'aurais le triste don
De faire fuir?... Restez, restez...

CŒLINA

Je vous dérange,
Monsieur, je ne veux pas...

STROPHAZUR

     Me déranger !... Un ange
Ne dérange jamais un poète, un moineau
Qui s'oublie à gratter très mal un piano.

   CŒLINA

Pas si mal !

   STROPHAZUR

    Vous trouvez ?... Je vous cède la place,
Et vais rejoindre ces messieurs...

   CŒLINA

      Restez, de grâce...

   STROPHAZUR

C'est ma faute...

   CŒLINA

 Du tout !...

   STROPHAZUR

      Je dois être au jardin.
J'y... Ne divulguez pas le crime d'un gredin
Qui volait vos bémols, vos dièzes, vos bécarres.

 CŒLINA, *prenant sur un meuble une boîte de cigares*

Je cherchais seulement la boîte de cigares
    (*Présentant la boîte à Strophazur*)
Pour ces messieurs... Monsieur, un trabucos ?...

   STROPHAZUR, *refusant*

       Merci !

COELINA.

Vous ne fumez donc pas?

STROPHAZUR

Non, jamais.

COELINA

Oh ! que si !
Ne mentez point.

STROPHAZUR

Pourquoi ?

COELINA

Le mensonge m'effraie.

STROPHAZUR

Je dis la vérité.

COELINA

Mais la vérité... vraie?

STROPHAZUR

Je n'en ai qu'une.

COELINA

Oh ! oh !... cinq ou six pour le moins,
Devant le monde: mais nous sommes sans témoins...

STROPHAZUR

Je ne fume vraiment que lorsque je compose...

COELINA

Des vers?

STROPHAZUR

Des vers.

CŒLINA

Eh ! bien composez.

STROPHAZUR

Heu ! je n'ose
Devant vous...

CŒLINA

Pourquoi donc ?

STROPHAZUR

Car l'inspiration
Echauffe...

CŒLINA

Vous croyez ?

STROPHAZUR

Et puis la passion
S'empare de nos cœurs à tel point, et l'on vibre
Si fort que la raison du coup perd l'équilibre.

CŒLINA

Asseyez-vous de peur de tomber.

STROPHAZUR

Mon esprit
S'assied malaisément quand un astre sourit...

Et l'invite à jeter sa lourde carapace
Pour voguer dans l'éther et pour fendre l'espace...

CŒLINA

En ballon !

STROPHAZUR

Pour voler en rapprochant son vol
Du soleil, et brûler son aile loin du sol...

CŒLINA, *lui présentant la boîte de cigares et une allumette*
Allumez donc.

STROPHAZUR

Non pas, éteignez au contraire :
Il ne faut pas jouer avec le feu...

CŒLINA, *souriant*

Mon frère,
Vous prêchez bien : mieux vaut chanter à mon avis.

STROPHAZUR

Oh ! ne m'obligez pas à franchir le parvis
Du temple sidéral où d'augustes délires
Traversent le concert ineffable des lyres,
Et dont le dieu voilé de nuages d'encens
Egare la raison et trouble le bon sens
Des poètes épris d'impossibles chimères...
Je ne veux pas, grisé d'extases éphémères,
Confier à l'élan de quelque hymne vainqueur

Ce qui tressaille là, ce que j'ai dans le cœur...
Et puis comme au berger il faut sa cornemuse,
Je ne puis pas chanter sans l'aide d'une Muse...

CŒLINA

Supposez que je sois votre...

STROPHAZUR

      Ma... Muse ?... Non...
L'hypothèse serait charmante... Votre nom ?...

CŒLINA

Le petit ?... Cœlina.

STROPHAZUR

    Cœlina !... Sur mon âme,
Dieu s'est fait homme, soit ! mais le ciel s'est fait femme...

CŒLINA

Pour racheter le vieux péché d'Eve...

STROPHAZUR

       Hosanna !...
Certes jamais un nom pareil à Cœlina
Ne frémit au sommet du Parnasse ou du Pinde.
Euterpe n'est qu'une oie, Erato qu'une dinde
Auprès de Cœlina... Par Phébus Apollon !
Cœlina paraissant dans le sacré vallon
Eclipserait Clio, chasserait Polymnie...
Cœlina ! mais c'est à vous donner du génie...

O Cœlina, toi dont vient l'inspiration,
Embrase mes accents, et...

CŒLINA

L'invocation
Me flatte... Poursuivez, afin que je savoure
Ce régal composé d'un morceau de bravoure...

STROPHAZUR

Mademoiselle !...

CŒLINA

Non, invoquez Cœlina,...
Ou votre Muse. Allons!... Hosanna ! hosanna !
Disiez-vous : chantez donc.

STROPHAZUR

Quoi ?

CŒLINA, *avec une pointe d'ironie*

Mais ce que l'on chante
D'ordinaire, quand on a la grâce touchante
De ceux qui vont au ciel sans autres ascenseurs
Que les ailes et les épaules des Neuf Sœurs...
On célèbre les monts et les vertes prairies,
On mêle ses soupirs, ses vagues rêveries
Aux trilles des oiseaux, aux brises des genêts ;
On fait des madrigaux, on tourne des sonnets
Où le vers excité par de vives cadences
Hasarde des aveux, risque des confidences.

On dit qu'on aime... Car le cœur d'un troubadour
Ne se prive jamais de quelques brins d'amour...
Voyons ! un peu de flamme et beaucoup d'envergure...

STROPHAZUR

Mademoiselle !...

CŒLINA

Eh ! bien...

STROPHAZUR

                Oh ! je vous en conjure,
Ne riez pas ainsi. Car vous me faites mal.
Il se peut que mon cœur chante avec Floréal,
Il se peut que mon cœur ne soit pas insensible
A deux yeux pleins d'azur, et qu'un rêve impossible
Lui montre le bonheur parfumé de printemps,
Un reflet de l'Eden sur un front de vingt ans.
J'aime peut-être... Mais le poète blasphème
Qui jongle à tout propos avec le verbe : J'aime !...
Car ce verbe rempli de frissons décevants
N'est pas un mot banal qu'on jette à tous les vents.
J'aime peut être... Et si quelque folle visée
Avait séduit mon cœur et surpris ma pensée,
J'invoquerais tout bas le nom cruel et doux
De celle dont on dit : « Je l'adore à genoux... »
Nul ne lirait mes vers plaintifs. Car c'est un crime
D'utiliser son âme et d'aimer pour la rime.

Je n'admets pas qu'on fasse applaudir son malheur,
Qu'on tire des accords en râclant sa douleur ;
Je ne suis pas de ceux qui parent un fétiche
Appelant la musique au bout d'un hémistiche :
Je refuse, imposant silence à nos tourments,
De battre la mesure avec mes sentiments.

CŒLINA

A la bonne heure !... Là ! voilà de l'envolée !...

STROPHAZUR

Ne raillez pas.

CŒLINA

    Comment ! Je serais désolée
De faire croire... Car enfin je m'y connais...
Je m'explique très bien qu'on rime des sonnets,
Et j'approuve la noble et sainte frénésie
Des amants de la Muse et de la Poésie...

STROPHAZUR

Ah ! vous...

CŒLINA

    Et pourquoi non ? Monsieur, estimez-vous
Que vous seul disposiez du ciel bleu, des blés roux...,
Et que l'esprit moderne ordonne aux demoiselles
Qui portent des chapeaux de se couper les ailes ?

STROPHAZUR

Nullement ! Qui vous a donné des leçons ?

CŒLINA

C'est...
Mon père.

STROPHAZUR

Votre père ?

CŒLINA

Oui : mon père, qui sait...

STROPHAZUR

Oh ! je n'en doute pas.

CŒLINA

Si fait ! Car tout à l'heure
Vous vous êtes moqué de lui.

STROPHAZUR

Moi ? Que je meure !...

CŒLINA

Ne mourez pas... J'ai bien compris l'allusion
De cette dédicace, et votre intention :
« A Monsieur... »

STROPHAZUR

Remettez la suite à la quinzaine.

CŒLINA

Apprenez que cela m'a causé de la peine...
Je vous hais, je vous hais considérablement.

STROPHAZUR
Pardonnez-moi.

COELINA
Je vous pardonne. Seulement
Ne recommencez plus.

STROPHAZUR
Sur l'honneur !

COELINA
En revanche
Je convertis mon père...

STROPHAZUR
Au culte du Dimanche ?

COELINA
Au culte des sonnets...

STROPHAZUR
Des odes...

COELINA
Des quatrains...

STROPHAZUR
Et des vers de six pieds...

COELINA
Et des alexandrins...

STROPHAZUR
Et qu'il sache, attentif au coup de la césure,
Prêter... l'oreille au vers, qui rend avec usure.

CŒLINA

Je ferai de mon mieux.

STROPHAZUR

Tâchez de réussir.

CŒLINA

Aidez-moi.

STROPHAZUR

Le moyen d'exaucer ce désir ?

CŒLINA

Livrez-moi le secret...

STROPHAZUR

Des vers ?... Bast ! l'éternelle
Chanson : C'est le secret de...

CŒLINA

De ?

STROPHAZUR

Polichinelle...

Un beau secret !

CŒLINA

Pourtant, Monsieur, expliquez-moi
La poétique dont... vous pratiquez l'emploi.

STROPHAZUR

C'est très simple. Il suffit de laisser sous la nue
Errer au gré des vents sa pensée ingénue,

De laisser déborder son âme, de noter
Tout haut ce que l'on sent tout bas, et de chanter
De l'aube au crépuscule, et du soir à l'aurore
Sa joie et son espoir dans un rhythme sonore,
En tirant de son cœur tout gonflé de sanglots
Des cantiques pareils au murmure des flots.
Voilà le seul secret !

CŒLINA

Alors, dites-moi l'autre.

STROPHAZUR

Lequel ?

CŒLINA

Vous savez bien... Faites le bon apôtre !
N'avez-vous pas changé de thèse, le démon
Ayant probablement revu votre sermon ?...
Tout à l'heure les lois de votre poétique
Vous prescrivaient, Monsieur, l'attitude hermétique
D'un rimeur qui se tait et qui met un bâillon
Aux éclats indiscrets de toute passion...
Plus de contrainte pour l'instant, plus de sourdine !...
Ah ! la métamorphose est charmante et badine.
Vous disiez...

STROPHAZUR

Je disais...

CŒLINA, *d'un ton insinuant*

A-t-elle les yeux bleus ?...

STROPHAZUR

J'ignore...

CŒLINA

Les sourcils arqués ?... de blonds cheveux ?...

STROPHAZUR

Qui donc ?

CŒLINA

Celle que vous...

STROPHAZUR

Que je ?..

CŒLINA

Cette princesse...

STROPHAZUR

Une princesse ? moi ?... Que ce quiproquo cesse.

CŒLINA

Eh ! ne parliez-vous pas de rêves insensés,
D'un amour impossible ?... Or ce mot prouve assez
Que votre cœur poursuit quelque noble héritière
D'un trône étincelant, d'une couronne altière...
Est-elle Castillane, ou met-elle un jupon
Bizarre qui trahisse en elle le Japon ?...

STROPHAZUR

Oh ! si je poursuivais quelque rêve impossible,
Je n'irais pas si loin.

CŒLINA
Ah !

STROPHAZUR
Je suis plus sensible
Aux coups portés de près qu'au sourd malentendu
D'une balle égarée ou d'un boulet perdu.

CŒLINA
Vous aimez les combats à l'arme blanche...

STROPHAZUR
J'aime...
J'aime... Où donc allez-vous ? et par quel stratagème ?...

CŒLINA, *se retirant*
On m'attend au jardin... Les cigares... Je vais...

STROPHAZUR
Ce sont des trabucos ?... Les croyez-vous mauvais ?

CŒLINA
Je ne sais.

STROPHAZUR
Voulez-vous m'en choisir un... qui craque
Sous le doigt ?

CŒLINA, *revenant*
Vous fumez maintenant ?

STROPHAZUR
Oui, j'attaque
Un plan d'idylle qui s'ébauche sous mon front.

CŒLINA, *lui présentant un cigare*.

Je ne vois pas comment les cigares mettront
Sur vos lèvres le miel de l'Hybla, de l'Hymette.

STROPHAZUR

Bast ! avec le secours d'une simple allumette...

CŒLINA, *lui présentant une allumette*

Allumez donc.

STROPHAZUR, *allumant*

Ça prend, mademoiselle... Mais
Me pardonnerez-vous si... si je me permets
De vous dire à mon tour : « A-t-il une moustache ?...
Des éperons, comme un traîneur de sabretache ?...
Le front triste, malgré son rire épanoui ?...
Est-ce un vicomte ?... Et vous l'aimez ?

CŒLINA, *timidement*

Je crois que oui.

STROPHAZUR

Son nom et son prénom ?...

CŒLINA, *s'échappant*

Demandez à mon père

SCÈNE IV

STROPHAZUR, RÉZINSEC

STROPHAZUR, *seul*

Oui, je vais demander... Exhibons notre paire
De gants. Car ce quart d'heure est grave et solennel.

RÉZINSEC, *entrant avec une épée et un pistolet sous le bras. A part*

Soyons très digne... Il faut, car l'affront est mortel,
Que je verse du sang pour décharger ma bile...

STROPHAZUR, *à part*

Bast ! je suis amoureux, et le cœur est habile...

RÉZINSEC, *à part*

Je suis maire, et l'honneur ne capitule pas.
L'honneur d'un maire veut qu'on brave le trépas.

STROPHAZUR, *à part*

Mes gants ont quelques trous dans leur peau si râpée
Que...

RÉZINSEC, *à part*

La rouille a mordu le fer de mon épée,
Et comme je sais mal l'art de froisser le fer,
Je lui tends une épée et garde un revolver...
Un pistolet...

(Apercevant Strophazur)
Monsieur, je vous cherche...

STROPHAZUR *s'avançant vers Rézinsec*

A merveille !
Je vous cherchais aussi...

RÉZINSEC

Pour vous fendre l'oreille...

STROPHAZUR

Pour vous dire : « Monsieur, je n'ai pas de blason,
Ni de fortune... Mais... »

RÉZINSEC

Vous me rendrez raison...

STROPHAZUR

« Je suis homme, Monsieur, et j'ai sous la mamelle... »

RÉZINSEC

Je suis maire, Monsieur, et non une femelle
Qui redoute...

STROPHAZUR

« Monsieur, je sens que mon bonheur
Dépend de vous... »

RÉZINSEC

Monsieur, je sens que mon honneur...

Ensemble

R. — Nous allons, s'il vous plaît, nous trouer la guenille,..

S. — Je viens vous demander la main de votre fille...
(*Tous les deux reculent brusquement*)

STROPHAZUR

Un duel ?

RÉZINSEC

Un croisement ?

STROPHAZUR

Expliquez !...

RÉZINSEC

Expliquez !...

STROPHAZUR

Je ne vous comprends pas.

RÉZINSEC

Ah ! si vous me brusquez...

STROPHAZUR

A vos ordres !...

RÉZINSEC

Eh ! bien ?...

STROPHAZUR

C'est moi qui vous écoute.

RÉZINSEC

Parlez.

STROPHAZUR

Parlez d'abord.

RÉZINSEC
Otez-moi donc d'un doute.

STROPHAZUR
Dedeux plutôt !

RÉZINSEC
Monsieur, avez-vous de l'esprit ?

STROPHAZUR
Un peu, pas beaucoup...

RÉZINSEC
Pas du tout !... Quand on se rit
Si maladroitement d'un honnête homme, on prouve...
Qu'on a les dents d'un chien né du sein d'une louve.

STROPHAZUR
Je ne mords que le bœuf saignant ou le veau cuit.

RÉZINSEC
Vous mordez comme un loup malfaisant qui poursuit
Les gens de bien, et dont le souffle délétère
Empoisonne l'honneur d'un bon propriétaire,
Tel que moi...

STROPHAZUR
Tel que vous ?

RÉZINSEC
Vous m'avez insulté,
Etant mon hôte, étant à ma table invité,

STROPHAZUR

Je ?...

RÉZINSEC

Feignez d'ignorer la boutade stupide
De votre dédicace !... Or je suis intrépide,
Et, tout en vous rendant *les Plaintes du canon*,
Je vous dis : « Nous allons nous battre, nom de nom !..
Au pistolet, Monsieur !... Vous choisirez votre arme.

STROPHAZUR, *chantant*

Par la voix du canon...

RÉZINSEC

Hein ?

STROPHAZUR *reprenant*

Du canon d'alarme...

RÉZINSEC

Je vous cède une épée, ayant un pistolet.

STROPHAZUR

Avez-vous dit, Monsieur, un bout de chapelet ?

RÉZINSEC

Trêve à la raillerie !

STROPHAZUR

Ah ! ça, Monsieur le Maire,
Quelle mouche vous pique, et quelle langue amère
Vous a mis dans le sang cette humeur, ces soupçons
Dont se révolte mon honnêteté ?

RÉZINSEC

                Chansons !...

STROPHAZUR

Qui vous a dit enfin ?

RÉZINSEC

          Tout le monde insinue
Que votre perfidie apparaît toute nue
Dans ces mots : « A Monsieur Rézinsec, épicier
En gros comme en détail hommage d'un... L'acier
S'agite entre mes doigts.

STROPHAZUR

       Calmez-le...

RÉZINSEC

                  Je vous mène
A quatre pas...

STROPHAZUR

      Jusqu'où va la bêtise humaine !...

RÉZINSEC

Vous dites ?

STROPHAZUR

      Je prétends que ceux qui vous ont mis
Dans ce funeste état ne sont pas vos amis.

RÉZINSEC

Je juge froidement.

STROPHAZUR

Pourquoi tenez-vous compte
De ce que la malice hypocrite raconte ?

RÉZINSEC

Je ne suis les conseils de personne...

STROPHAZUR

C'est faux !
Vous avez du bon sens.

RÉZINSEC

Je sais ce que je vaux.

STROPHAZUR

Supérieur à ceux que votre honneur consulte,
Vous me croyez pourtant capable d'une insulte...

RÉZINSEC

Quoi ! vous ne m'avez pas ?...

STROPHAZUR

Quoi ! vous pensez ?...

RÉZINSEC, *troublé*

Moi ? non...

STROPHAZUR

Eh ! bien donc.

RÉZINSEC

Rendez-moi *les Plaintes du Canon.*

« A Monsieur Rézinsec, épicier... » Suis-je bête !
« En gros comme en détail... »

STROPHAZUR

« Hommage d'un poète. »
Vous saisissez...

RÉZINSEC

Pardieu!...

STROPHAZUR

J'enlève mon chapeau
Devant vous, et j'incline à vos pieds ce flambeau
Qu'on nomme Poésie... Or cette révérence
Vous marque clairement toute ma déférence...

RÉZINSEC

Et j'ai pu vous tuer dans un duel inhumain!...
Je vous rends mon estime, et je vous tends la main.

STROPHAZUR

Ce n'est pas celle-là, Monsieur, que je demande.

RÉZINSEC

La gauche, alors?

STROPHAZUR

Non plus.

RÉZINSEC

Je consens qu'on me pende
Si j'en puis accorder une autre.

STROPHAZUR

       Pendez-vous !
Car vous en réservez une autre pour l'époux...
Je vous ai demandé la main de votre fille.

RÉZINSEC

De ma fille ? Vous ?...

STROPHAZUR

     Moi... Moi.

RÉZINSEC

         Vous de ma famille ?...

STROPHAZUR

Pourquoi pas ?

RÉZINSEC

     Parce que... parce que... Vous riez !
Ma fille, c'est..: ma fille, et vous prétendriez...
Etre son prétendant ?... A quel titre ?

STROPHAZUR

        Je l'aime.

RÉZINSEC

Soignez-vous : on en meurt.

STROPHAZUR

       J'augure qu'elle-même
A pour moi...

RÉZINSEC

Permettez!... Etes-vous magistrat?

STROPHAZUR

Très peu.

RÉZINSEC

Marchand de vin?

STROPHAZUR

Pas plus.

RÉZINSEC

Marchand de drap?

STROPHAZUR

Encore moins.

RÉZINSEC

Banquier?

STROPHAZUR

Deux fois hélas!

RÉZINSEC

Notaire?

STROPHAZUR

Arrêtez!

RÉZINSEC

Grand seigneur?

STROPHAZUR

Fi donc!

RÉZINSEC

Propriétaire?

STROPHAZUR

Pas encor.

RÉZINSEC

Médecin?

STROPHAZUR

Je n'ai jamais tué.

RÉZINSEC

Sous-préfet?

STROPHAZUR

Je craindrais d'être destitué.

RÉZINSEC

Professeur?

STROPHAZUR

Les souris grignotent mon Virgil.

RÉZINSEC

Député?

STROPHAZUR

Je n'ai pas la langue assez agile
Pour discourir partout sauf au Palais-Bourbon.

RÉZINSEC

Sénateur?

STROPHAZUR

Sénateur !... Ah ! vous êtes trop bon :
J'ai le crâne pileux et des pieds de gazelle...

RÉZINSEC

Quel est donc votre état ?

STROPHAZUR

J'aime mademoiselle
Cœlina.

RÉZINSEC

Ce n'est pas un état.

STROPHAZUR

C'en est un :
Un état d'âme... J'ai d'ailleurs le sourcil brun,
La moustache lustrée et la barbe châtaine...

RÉZINSEC

Etes-vous officier, lieutenant, capitaine
De dragons, de chasseurs à pied ou de hussards ?

STROPHAZUR

Je le regrette... Oh ! oui, les sublimes hasards
M'ont toujours attiré. Je me sentais de taille
A figurer gaiement sur un champ de bataille.
J'eusse aimé le galop brillant des escadrons.
J'aurais avec ferveur planté mes éperons
Dans le ventre poudreux d'un cheval qui se cabre.

Et doté d'un éclair la lame de mon sabre
Prompte à siffler au vent, à quitter son étui...
Or pour avoir le droit d'être brave aujourd'hui
Il faut ruminer tant de choses, il faut être
Si cousu dans la peau d'un parfait géomètre
Que j'ai laissé Saint-Cyr décerner ses galons
A ceux dont la Science affermit les talons...
Je ne suis qu'un rêveur : je porte la livrée
Du ciel bleu qui me tend sa tunique azurée :
Mais je ne connais pas d'uniforme pareil
A celui du ciel bleu galonné de soleil...

RÉZINSEC

Encor, si vous étiez versé dans le commerce !...

STROPHAZUR

Je puis faire mon trou, pourvu que l'on m'y verse.
Il suffit...

RÉZINSEC

Avez-vous un fonds de magasin ?

STROPHAZUR

Je sais que le soleil fait mûrir le raisin,
Et que le raisin mûr, devenu sec, se laisse
Vendre sous la raison d'Etat : raisin de caisse...

RÉZINSEC

Par quel charme et par quels propos conciliants
Grossiriez-vous, Monsieur, le nombre des clients ?

STROPHAZUR

J'ai sur mes lèvres, où l'éloquence bourdonne,
Un miel supérieur à celui de Narbonne.
J'ai le don...

RÉZINSEC, *lui tâtant le crâne*

Montrez-moi l'indicateur osseux...
Vous n'avez pas la bosse indispensable à ceux
Qui... L'on naît commerçant...

STROPHAZUR

Et l'on devient poète :
J'étais né commerçant.

RÉZINSEC

Ah! bah!

STROPHAZUR

Si je végète ;
C'est que j'ai déraillé... J'ai quelque chose là...
En chantant avec vous j'atteindrais jusqu'au la.

RÉZINSEC

Je ne chante jamais.

STROPHAZUR

Battez-moi la mesure.

RÉZINSEC

Qu'est-ce donc qui vous prend?

STROPHAZUR

       Je sens une blessure
Dans mon être... Je vais accoucher d'un petit
Poème que le dieu du commerce bâtit...

   RÉZINSEC, *courant à la croisée*
Un instant !... Hé ! messieurs, mesdames, venez vite...
Une création se prépare et s'agite
Dans le sein de Monsieur Strophazur...

SCÈNE V

Les Mêmes, FAUCILLON, BECDEPLUME, MADAME
FAUCILLON, MADAME BECDEPLUME

PERSONNAGES RENTRANT

        Ah ! ah !...
   RÉZINSEC
        Chut !...
Le chanteur se recueille et va pousser son ut.

STROPHAZUR

« Lorsque j'aurai lâché le métier lamentable
De rimeur assoiffé d'azur, de jour vermeil,
Lorsque j'aurai soufflé gaiement sur le soleil,
Et mis dans mon cerveau la lampe d'un comptable,

« Lorsque j'aurai, bourgeois plus fier qu'un connétable,
Deux pantoufles aux pieds, triple crampe à l'orteil,
Et quand je bâillerai, l'œil noyé de sommeil,
En embrassant ma femme au sortir de la table,

« Lorsque, membre influent et raide comme un pal
Du grand conseil nommé Conseil municipal,
Ma situation grossira ma pratique,

« Aux chrétiens, aux païens, aux juifs, aux huguenots
Je vendrai, radieux pilier de ma boutique,
Des pruneaux, des pruneaux, des pruneaux, des pruneaux... »

TOUS

Bravo !

FAUCILLON

Bis !

RÉZINSEC

Ah ! Monsieur, si vous êtes sincère...
Je ne vous donne plus la main, je vous la serre...

MADAME FAUCILLON

Monsieur, vous me ferez...

MADAME BECDEPLUME

Monsieur, vous me ferez...

MADAME FAUCILLON

Un tout petit sonnet sur la reine des prés...

MADAME BECDEPLUME

Un tout petit sonnet sur les soins du ménage,
Et sur tous les désirs qu'on éprouve à mon âge...
J'ai trente ans.

BECDEPLUME

Oh ! je vous réclame au nom des cieux
Un tout petit sonnet sur le contentieux...
Vous ferez le bonheur d'un ex-fonctionnaire.

FAUCILLON

Monsieur, j'ai trois cochons qui mangent d'ordinaire
Plus que ma femme et moi. Dites à ces goulus
De manger un peu moins, d'engraisser un peu plus.

MADAME BECDEPLUME

Mêlez à mon sonnet une humble violette
Parfumant mon visage et mon eau de toilette.

MADAME FAUCILLON

Vous m'apprendrez... dans un sonnet tendre et fleuri
La façon de tromper proprement son mari.

FAUCILLON

L'art d'accoupler les bœufs, et de mettre des bornes
Au désenchantement de nos bêtes à cornes...

BECDEPLUME

Avec un supplément sur l'art de copier
Toujours les mêmes noms sur le même papier.

FAUCILLON

Griffonnez donc aussi sur mes pommes de terre,
Mes pois, mes haricots, sur ces fruits... du mystère
Qui transforme en écus mon jardin potager,
Un sonnet qui ressemble à ceux de Béranger...
Béranger, voyez-vous !... A-t-il une statue,
Ce vieux brave homme ?

STROPHAZUR, *à part*

Encore « un mort qu'il faut qu'on tue !... »
C'est dommage.

RÉZINSEC

Messieurs, Mesdames, laissez-nous
Nous avons à causer... de la graine de choux.

FAUCILLON

Consultez-moi.

RÉZINSEC

Non, c'est un secret de famille..
Retournez au jardin... Mais où donc est ma fille ?

MADAME BECDEPLUME

Elle rêve là-bas...

MADAME FAUCILLON

A l'ombre d'un pêcher.

BECDEPLUME, *à Strophazur*

N'oubliez pas, Monsieur...

FAUCILLON, à *Strophazur*
                    Que je suis maraîcher...
C'est-à-dire poète à l'heure où la nature
Me permet de rêver à ma candidature
Au Conseil général. Je rédige l'*Engrais*,
Organe des ruraux abonnés au progrès,
Où l'éloge fleurit sur le fumier du blâme :
Vous voyez que je puis vous faire une réclame
Littéraire. J'écris proprement, et je sais,
La bêche ou l'encensoir à la main, le français.

SCÈNE VI

STROPHAZUR, RÉZINSEC, puis un Domestique

STROPHAZUR, *à part*
Ah ! les premiers rayons de la gloire... Tu nargues
En les disant plus doux que l'aube, ô Vauvenargues...
Donc me voilà célèbre, oracle, presque roi !..
Je serai candidat...

RÉZINSEC
            Eh ! bien, mon gendre...
STROPHAZUR
                                    Quoi !
Se peut-il ?... Vous auriez consenti ?...

RÉZINSEC

        Pas encore !
Supposons seulement... M'aimez-vous ?

STROPHAZUR

        Je l'adore.

RÉZINSEC

Qui ?

STROPHAZUR

  Mais elle.

RÉZINSEC

    Ce n'est pas là la question...
Vous sentez-vous dans l'âme assez d'affection
Pour prétendre à l'honneur de m'appeler : « beau-père ! »

STROPHAZUR

Je désire surtout votre fille,... et j'espère.,.

RÉZINSEC

Vous ne l'obtiendrez pas sans mon consentement.

STROPHAZUR

C'est la loi de nature...

RÉZINSEC

    Et du gouvernement.

STROPHAZUR

Eh ! bien, je me soumets à la règle établie,...
Et. cette question n'étant pas abolie,
Je vous demanderai quelle dot...

RÉZINSEC

Quoi ! déjà ?

STROPHAZUR

C'est l'usage... Toujours l'usage encouragea...
Cet usage...

RÉZINSEC

Admettons ! Ma fille se marie
Avec le successeur de mon épicerie.

STROPHAZUR

Et la dot ?

RÉZINSEC

La voilà.

STROPHAZUR

C'est une trahison.

RÉZINSEC

Comment ! Monsieur, comment !... Je cède une maison
Que je tiens de ma veuve, une maison accrue
Par mon travail, maison qui forme coin de rue
Et qui n'est pas au coin du quai... C'est de l'argent
En barres, cette dot... Vous êtes exigeant !

STROPHAZUR

Je requiers une dot.

RÉZINSEC

Ce n'est pas pour des prunes
Que je vous donne avec la plus svelte des brunes

Un magasin bondé de caisses de pruneaux
Et de harengs fumés qui crèvent mes tonneaux.
Ne mangez pas la dot au moins...
STROPHAZUR
                Il faudrait boire
Terriblement pour la digérer ; car l'Histoire
N'enseigne pas du tout que pour être épicier
On échappe aux besoins multiples du gosier...
RÉZINSEC
N'absorbez pas en moins d'une heure tout fromage
Où des peuples divers se reflète l'image...
N'avalez pas d'un trait Pont-l'Evêque, Chester,
Gruyère, Roquefort, Port-Salut et Munster...
Ménagez-vous un peu de Montdore et de Brie
Sur la planche, fût-elle un tantinet pourrie...
Car si vous vous fourriez du Cantal jusqu'au cou,
Si vous ingurgitiez la Hollande d'un coup...
STROPHAZUR
Nous aurions, habités par une cantharide,
L'estomac si brûlant, la gorge si torride
Que, pour noyer enfin cette combustion,
Il faudrait provoquer une inondation
Fabuleuse, passant par-dessus la légende
Des écluses qu'ouvrit Madame la Hollande,
Ne pouvant digérer un fromage pareil
Au casque de Louis-le-Grand, le Roi-Soleil...

RÉZINSEC
Vous m'avez l'air d'un Bec-Salé, mon futur gendre.
STROPHAZUR
Je ne bois pas sans soif, mais préfère, à tout prendre
Un petit verre en plus qu'un fromage... de trop.
Le Calvados inspire, et non le Livarot...
Mon inspiration ne cherche pas querelle
A quiconque lui sert de source naturelle.
RÉZINSEC
Au fait ! je suis muni d'excellentes liqueurs
Qui brûlent d'échauffer les âmes et les cœurs...
Il faudrait qu'un pochard eût la poitrine creuse
Pour servir de futaille à toute ma chartreuse,
Pour sécher mon cognac et tarir tout mon rhum
Sans perdre l'équilibre avec le décorum...
Ne consultez pas trop la divine bouteille...
J'adjoindrai deux paniers de vin à la corbeille
De ma fille...
STROPHAZUR
      Monsieur, je suis très sobre au fond.
Mon rêve est un abîme et mon ventre est profond ;
Mais j'ai l'horreur du vide, et bien que Bacchus m'aim
Je ne descends jamais jusqu'au fond de moi-même...
RÉZINSEC
Je vous épargnerai l'éloge des biscuits

Que je vends aux gourmets édentés, de mes fruits
Qui ne semblent jamais trop verts, la confiture
Ayant su corriger le goût de la nature...
Je passe par-dessus mes huiles, mes savons,
Mon chocolat et mon café. Nous arrivons
A mon pétrole, à mes chandelles, à mon sucre,
Et cœtera... Monsieur, je conclus que, le lucre
Tentant tout homme né de la femme et bâti
Normalement, ma fille est un très beau parti.

STROPHAZUR

J'aime moins le parti que la fille...

RÉZINSEC

                        J'ajoute
Qu'un mari sérieux peut ici, sans nul doute,
En travaillant, s'asseoir partout sur un écu...
   (*Strophazur lui parle à l'oreille. Il réplique par une
                 protestation énergique*)
Monsieur, dans ma partie on n'est jamais cocu.

STROPHAZUR

Vous avez de la chance... ou de la malechance,
Puisqu'on dit que la chance appartient à l'engeance
Des maris malheureux...

RÉZINSEC

                  J'ai gagné de l'argent...
En matière d'honneur je suis intransigeant.

STROPHAZUR

Je ne redoute rien d'ailleurs de votre fille.

RÉZINSEC

Les cornards n'ont jamais été de ma famille,...
Sauf mon grand-père, qui, lorsque j'étais enfant,
Me portait sur son dos ainsi qu'un éléphant,
Et qui m'ayant un jour dit : « Je veux que tu prennes
Goût au travail... » me fit cadeau pour mes étrennes
D'un couteau fait avec une corne de cerf
Qu'il s'arracha du front pour se calmer un nerf...

STROPHAZUR

Vous gardez ce couteau sur vous ?

RÉZINSEC

Je le conserve.

STROPHAZUR

Inutile ! Molière est mort avec sa verve,
Et personne...

RÉZINSEC

Voici ma fille et ma maison.
Je dis à qui devient par goût et par raison
Mon gendre : « Ayez surtout soin d'elle, je vous prie... »

STROPHAZUR

De Cœlina ?... Parbleu !

RÉZINSEC

De mon épicerie.

STROPHAZUR

Ah ! sans doute... Tout doit marcher sans embarras.
Donc entendu, conclu... Beau-père, dans mes bras !..

RÉZINSEC

Minute !... A votre tour, Monsieur de me répondre !..

STROPHAZUR

Mais j'ai dit : oui !...

RÉZINSEC

     Pardon ! il ne faut pas confondre
Canard avec navet, ni rhum avec baba,
Poivre avec cornichon, beau-père avec papa...
Ça ! Monsieur qui sentez en vous la noble envie
D'unir à Cœlina, ma fille, votre vie,
O Strophazur, auteur des *Plaintes du Canon*,
Que lui donnerez-vous ?

STROPHAZUR

    Je lui donne mon nom.

RÉZINSEC

C'est peu.

STROPHAZUR

   Comment ! Monsieur... Connaissez-vous un homme
Qui porte un si beau nom, un gendre qui se nomme
Strophazur ?

RÉZINSEC

J'aime autant m'appeler Rézinsec...

STROPHAZUR

De Corinthe ?

RÉZINSEC

Pardon ! de Pontoise...

STROPHAZUR

        O cœur sec,
Comprenez que mon nom contient plus de pécune
Que vous ne possédez de terres sous la lune...
Strophazur ! Mais ce nom m'érige en suzerain
Des étoiles, de l'aube et du couchant serein,
Sans parler des lapis précieux, des turquoises
Du corset de la mer aux secousses narquoises...
Strophazur ! Mais cela chante avec les zéphyrs
Que le ciel bleu me paye un tribut de saphirs,
De lumière, d'onyx, de rayons, d'améthystes,
Capable d'éblouir le plus fou des artistes...
Strophazur ! Se peut-il que sans vous émouvoir
Au seul bruit de mon nom vous entendiez pleuvoir
Dans le creux de ma main une grêle de piastres
Soldant la redevance éclatante des astres,
Et s'écrouler au fond de mes coffres d'or pur
Des piles de soleil et des rouleaux d'azur...

RÉZINSEC, *se tord de rire, et après avoir fredonné*

  J'ai du bon tabac dans ma tabatière ;
  J'ai du bon tabac, tu n'en auras pas...

frappe amicalement sur l'épaule de Strophazur

L'ami, quand vous serez dans Paris, la grand'ville,
Un sergot vous dira, de façon fort civile,
Le tramway qui conduit vers un certain canton
Que l'on appelle en trois syllabes : Cha...ren...ton !...

  STROPHAZUR, *fièrement*

Je m'y rendrai, gardant l'âme seigneuriale
D'un songeur qui, campé sur une impériale,
S'adjuge tout le bleu dans l'espace dissous,
Tous les reflets d'un ciel irisé, pour trois sous...

  RÉZINSEC, *ironiquement*

Cela ne passe pas vos moyens...

     (*Affectueusement*)
     Camarade,
Pégase ne fait pas dans une pétarade
Tant d'étincelles d'or jaillir sous ses sabots
Qu'il n'est sorti d'argent du tréfond de mes pots...
Rengaîne ta monnaie orgueilleuse de piastres
Qui portent l'effigie authentique des astres :
Nous ne l'estimons guère, et nous y suppléons
Par des louis sonnants, par des napoléons...

STROPHAZUR

Napoléon pourtant croyait à son étoile !...

RÉZINSEC

Quant aux rouleaux d'azur, je préfère la toile
D'emballage de mes harengs... Les harengs saurs !
C'est pour nous que la mer enfante ces trésors...
Tandis que toi qui vas, vêtu de fantaisie,
Qu'as-tu gagné, voyons, avec ta poésie ?
Les applaudissements de mon premier adjoint,
Et du deuxième, qui ne s'y connaissent point...
De la femme de l'un, et de l'autre pimbêche...
Que nous apporte Jean ?

JEAN, *entrant*

J'apporte une dépêche
Pour Monsieur Strophazur.

RÉZINSEC

L'as-tu lue à travers ?...

STROPHAZUR, *tendant la dépêche à Rézinsec*

Monsieur, l'Académie a couronné mes vers.

RÉZINSEC, *troublé par la surprise et par la joie*

Comment ?... Il se pourrait ?... Ah ! l'honneur n'est pas mince...
Et vous auriez des droits sur Chantilly ?... Mon prince,
Je vous épouse... non... je vous prends pour époux
De ma fille... Attendez !... Je vous tâte le pouls...
C'est parfait ! Vous aimez ma fille : je l'atteste...

Contentez-la... Léguez au monde, si la peste
Ne vient à décimer vos dignes descendants,
Autant de Strophazur que vous comptez de dents
Pour manger mes pruneaux et mes poires tapées...
Ne leur vantez pas trop les sabres, les épées,
Le plan plan rataplan des tambours fanfarons,
Et le taratata sublime des clairons...
Léguer aux nourrissons des instincts pacifiques
Est le premier devoir des couples prolifiques...
Cachez cette dépêche. Ayez jusqu'à demain
L'air d'un dieu dont le front garde un profil humain...
   (*Appelant par la fenêtre*)
Hé ! Cœlina, ma fille, accours..

SCÈNE VII

RÉZINSEC, STROPHAZUR, CŒLINA

RÉZINSEC, à *Cœlina qui entre*
                   Il faut te mettre
Au piano, tout près de Monsieur... C'est un maître...
Que votre âme et vos doigts errant sur le clavier
Dans un accord touchant semblent se marier...
Là !... c'est cela... Jouez à quatre mains n'importe
Quel motif, et jouez *amoroso*... de sorte...

STROPHAZUR

Mais...

CŒLINA

Mais...

RÉZINSEC

Q'on m'obéisse.

STROPHAZUR

Allons-y !...

RÉZINSEC, *sort discrètement pendant que les deux jeunes gens attaquent un morceau à quatre mains*

C'est parfait...

SCENE VIII

STROPHAZUR, CŒLINA, puis TOUS LES PERSONNAGES

CŒLINA

Con animà, Monsieur, pour adoucir l'effet.

STROPHAZUR

Dolce !...

CŒLINA

Rinforzando !...

STROPHAZUR

Crescendo !... La pédale !...

CŒLINA

Furioso !...

STROPHAZUR

Largo !... Nous touchons au finale.

RÉZINSEC, *entrant avec tous ses invités*

Ne les trouvez-vous pas adorables ainsi ?

MADAME FAUCILLON

Adorables.

MADAME BECDEPLUME

A quoi tend ce manège-ci ?

CŒLINA, *apercevant les personnages qui viennent d'entrer*

Mon père !...

RÉZINSEC

Mes enfants !.. Amis, je vous présente
Ma jeune Cœlina, fille moins florissante
Que gentille, et Monsieur Strophazur, troubadour
Naturel qui devient mon gendre par amour.

CŒLINA

Mon père !...

STROPHAZUR

Cœlina !...

MADAME FAUCILLON

Son gendre ?

BECDEPLUME ET MADAME BECDEPLUME

Votre gendre ?

RÉZINSEC
Hé ! oui, ce choix a-t-il le don de vous surprendre ?

FAUCILLON
Un si beau brin de fille au bec d'un rimailleur !...

RÉZINSEC
Je protège les arts, moi, monsieur le railleur.

STROPHAZUR
Du reste, en acceptant votre fille pour femme,
Je deviens épicier dans l'âme,... au fond de l'âme :
Et sur ce je déclare au nez de l'univers
Que par esprit de corps je romps avec les vers.

MADAME FAUCILLON
Et mon sonnet ?

FAUCILLON
Et mon potager ?

BECDEPLUME
                    J'apprécie
Les rimes en l'honneur de la bureaucratie...

MADAME BECDEPLUME
Un sonnet... pas plus long que ça... Mais j'y tiens fort :
Soyez fidèle à vos serments.

STROPHAZUR, *étendant la main vers Cœlina qui s'est remise toute seule au piano*
Jusqu'à la mort.

MADAME BECDEPLUME
Jusqu'à ?...

STROPHAZUR
Je vous ferai quelque sonnet posthume.

MADAME FAUCILLON
A quand le mariage ?

RÉZINSEC
A bientôt.

FAUCILLON
Je présume
Que c'est moi, Faucillon, votre premier adjoint,
Qui ferai la petite allocution...

RÉZINSEC
Point !...
En ce jour solennel...

BECDEPLUME
C'est à moi, je présume,
Votre second adjoint...

RÉZINSEC
Fermez-ça, Becdeplume...
En ce jour solennel, en ce jour solennel
Où ces enfants devront s'épouser à l'autel
Et par devant la loi, je serai père et maire,
En mon nom, comme au nom... de sa défunte mère. .

Je leur dirai : Mes fils ! soyez heureux !... Et puis
Je verserai des pleurs...

FAUCILLON
Versez-les dans mon puits.

RÉZINSEC
O ma fille, ô mon fils, ô couple poétique !...
(*A l'oreille de Strophazur*)
A propos, vous savez, les soins de la boutique
Ne vous empêchent pas d'accoupler en secret
Quelques rimes... Le soir, par exemple, il serait
Grand dommage de vous endormir tout de suite
En vous mettant au lit...

STROPHAZUR, *montrant Cœlina*
Chut !

RÉZINSEC, *bas*
C'est là qu'on médite
Sur la fragilité du monde et le conflit
Des êtres divisés... Faites des vers au lit.

STROPHAZUR
Et ma femme?

RÉZINSEC
Sera de moitié dans vos œuvres...
C'est ainsi qu'au moyen de savantes manœuvres
On travaille le jour et l'on rêve la nuit :

Trop de travail fatigue et trop de rêve nuit.
C'est un juste milieu que la vertu demande...
   (Haut)
Vendez beaucoup de sucre et de pâte d'amande...

    CŒLINA, *quittant le piano*

Quoi!...

    RÉZINSEC

  Beaucoup de canelle et de macaroni...

    CŒLINA

Et la Muse?

    RÉZINSEC

  Beaucoup de figues...

    CŒLINA

       C'est fini,
Les vers?...

    RÉZINSEC

  En même temps soyez un peu droguiste,
Apothicaire...

    STROPHAZUR

  Ah! oui.

    CŒLINA

    Déjà rien ne subsiste
De?...

    STROPHAZUR, *à Cœlina*

  Nous invoquerons les sources, les prés verts
En débitant parfois des pastilles... à vers...

RÉZINSEC

Vous dites?

STROPHAZUR

Qu'un rimeur est très-apte au commerce.

RÉZINSEC

Heu! heu! d'illusions je crains qu'il ne se berce.

STROPHAZUR

Je dis, sans l'avoir lu dans un auteur ancien,
Je prétends qu'un poète est un pharmacien
Ayant étudié ce que l'Académie
Française appellerait peut-être l'alchimie,
Aimable charlatan habile à transmuter
Toutes choses, si bien qu'il sait l'art d'enchanter
Les douleurs, et calmer avec ses élégies
Les supplices du cœur, sinon les névralgies,
Qu'il compose à loisir des baumes précieux
Avec les fleurs des prés et les rayons des cieux,
Qu'aux esprits d'humeur noire en guise d'ellébore,
Fou lui-même, il prescrit quelques gouttes d'aurore...
Et c'est pourquoi sachant que tout médicament
Qu'il fabrique contient un peu de firmament,
L'Humanité lui dit : « Je souffre, et suis crédule :
Poète, empoisonneur, dore-moi la pilule... »

FIN

TABLE

LE LYRISME ET LA FANTAISIE COMIQUE............	1
LA SURPRISE DE COCORNARD......................	67
L'IVRESSE DE VICTOR..	129
MONOLOGUES SANS ILLUSTRATIONS.....................	157
Deux paires de chaussures.............................	159
Candidat au conseil municipal de... (province).........	169
Pas de fumée sans cigare!............................	177
Mon mari dort!...................	185
RÉZINSEC ET STROPHAZUR................................	193

ÉMILE COLIN — IMPRIMERIE DE LAGNY

www.ingramcontent.com/pod-product-compliance
Lightning Source LLC
Chambersburg PA
CBHW050657170426
43200CB00008B/1331